Le droit, nouvelle arme de guerre économique

隐秘战争

[法] 阿里·拉伊迪（Ali Laïdi）/ 著　法意 / 译

中信出版集团 | 北京

图书在版编目（CIP）数据

隐秘战争 /（法）阿里·拉伊迪著；法意译 . -- 北京：中信出版社，2019.8
ISBN 978-7-5086-9995-0

Ⅰ . ①隐… Ⅱ . ①阿… ②法… Ⅲ . ①贸易法－研究－美国 Ⅳ . ① D971.222.9

中国版本图书馆 CIP 数据核字（2019）第 150602 号

隐秘战争

著　　者：[法] 阿里·拉伊迪
译　　者：法意
出版发行：中信出版集团股份有限公司
（北京市朝阳区惠新东街甲 4 号富盛大厦 2 座　邮编　100029）
承 印 者：北京通州皇家印刷厂

开　　本：787mm × 1092mm　1/16　　印　　张：19.5　　字　　数：201 千字
版　　次：2019 年 8 月第 1 版　　印　　次：2019 年 8 月第 1 次印刷
京权图字：01-2019-4153　　广告经营许可证：京朝工商广字第 8087 号
书　　号：ISBN 978-7-5086-9995-0
定　　价：68.00 元

献给我的天使，本书的第一位忠实读者。

献给我的小女儿，我的巴布，

为了未来的某一天，公道得以战胜法律……

即使是最强者也绝不会强大到能永远做主人，

除非他将自己的强力转化为权利。

——让-雅克·卢梭，《社会契约论》

目 录

第三部分

华盛顿坚决要使欧洲经济处于其从属地位

引　言

这是19世纪末由皮埃尔·阿扎里亚和保罗·比才创立的一家法国公司的故事。这家公司从制造电缆、电器、电池起步，逐步拓展到生产用于水利工程、核设施、建筑工程和交通设施（道路、桥梁等）的涡轮机。1968年，这家公司兼并了电信公司阿尔卡特，开始涉足电话、计算机、手机、网络连接器等业务。1969年，它兼并了阿尔斯通——一家生产机车和发动机的公司，并于三年后建成了当时全世界最快的列车——TGV高速列车。在此期间，它还接管了对建筑和公共工程部门颇为重要的企业总公司，即万喜集团的前身。此后，这家公司还把建造大型民用和军用船只的大西洋造船厂收入旗下。1982年，法国社会党人对这家公司进行了国有化，但这并没有使它的庞大胃口和光辉梦想受阻。1983年，它兼并了汤姆森半导体公司的电信业务。1986年，它进入民用核工业领域，收购了法马通公司（即阿海珐公司的前身）[1] 40%的股份。柏林墙的倒塌使这家公司如遇风口，它雄心勃勃，想要征服世界。

这家公司就是CGE（法国电力总公司）。它是一个庞大的企业集团，与国际上的众多竞争对手相比毫不逊色。在20世纪80年代早期，CGE是法国工业的骄傲。它参与了第二次世界大战后的国家重建，从而使法国免于经济停滞，迈入了大国的行列。CGE的竞争对手是美国通用电气、德国AEG（电器品牌）和西门子等世界巨头。这是一个真正的法国成功故事，当然，首先应当归功于各高等专业学院培养出的精英（尤其是工程师）。这些聪明的头脑与战后法国领导人的政治远见实现了完美的融合，两者共同重建了法国的工业和经济主权——此前在“二战”中，在被德国占领的六年里，法国的工业和经济都曾遭到严重破坏。

但在诞生一个世纪后，CGE已经荡然无存。它在1987年的私有化运动中被拆分，变成了几家独立的公司：阿尔卡特、万喜、西技莱克、汤姆森、大西洋造船厂、阿尔斯通……但这些后继者的命运却与CGE截然不同，它们一个接一个地步入衰败的境地。阿尔卡特始终默默无闻，[2]在与美国朗讯进行了灾难性的合并后，它投入了芬兰公司诺基亚的怀抱。同样，大西洋造船厂在与韩国STX集团分道扬镳后，被纳入意大利芬坎蒂尼集团麾下。在经历了长期无望的挣扎后，汤姆森品牌被一位试图重振计算机和平板电脑业务的法国投资者收购。阿尔斯通也不再属于法国：能源业务被出售给美国，而交通业务被出售给德国[①]。一代传奇CGE就

① 德国西门子想收购阿尔斯通的交通业务，但该收购案未获欧盟竞争委员会通过。——译者注

此谢幕。

20 世纪 90 年代末到 21 世纪初的这段时间不仅对 CGE 是致命的，对整个法国的工业也造成了巨大的冲击。法国工业企业纷纷“外逃”到更欢迎它们的国家和地区，只留下了失业问题、排外情绪和民粹主义的升温。但是人们却迟迟没能察觉到这一切，直到阿尔斯通被拆分后，法国国家领导人才如梦初醒。2014 年，阿尔斯通能源业务被出售给美国通用电气公司，引发了法国国民议会的不满。在野党的右翼党派成员希望举行辩论，甚至要求成立一个调查委员会。但是，由于他们缺乏政治决断，这一请求最终不了了之。三年后，阿尔斯通的处境跌入谷底，又将交通业务出售给德国企业西门子。这一次，法国议员终于不再袖手旁观。国民议会和参议院都行动起来了，每一个人都开始讨论法国去工业化的原因：波旁宫①成立了一个调查委员会，卢森堡宫②也派出了一个调查团。

2018 年春天，两院提交了各自的报告，尖锐地批评了奉行自由放任主义政策的政治精英和行政人员。人民运动联盟党议员、调查委员会主席奥利维尔·马莱克斯写道：“经过 6 个月的调查，我十分确信，在批准通用电气收购阿尔斯通这一决定上，法国未能保护本国的国家利益。”[3] 马莱克斯指责法国外交部、财政部和司法部之间缺乏协调，并强调某些高层官员存在失职行为。他还指出：“阿尔斯通案暴露出法国对美国的域外管辖司法程序缺少

① 波旁宫即法国国民议会所在地。——译者注

② 卢森堡宫即法国参议院所在地。——译者注

认识。”[4]

参议员同样对因试图“拯救”阿尔斯通而将它卖给德国人的对策进行了质疑。“这笔交易在资本投入上对西门子极为有利，这显得颇为可疑。西门子不出一分钱就控制了阿尔斯通，而后者明明还拥有充裕的订单和稳健的现金流……但是，国家对铁路站点的维护却没有得到充分保障，并在未进行铁路鉴定的情况下就接受了这些条件，这仅在短短四年之内就变成了现实。”[5]

法国正在摧毁自己的工业。那些本应该守护法国工业的人未能履行自己的职责。法国政界和经济界的领导人无法理解这个竞争白热化的世界，也未能看到竞争对手正在拼命打磨它们的经济武器。“如果一个国家连自己最基本的利益都无法保护，那就是彻头彻尾的盲目、短视和自私。”[6]

在所有这些武器当中，法律是最有杀伤力的武器之一。人们天真地以为法律为正义服务，然而它却被用于其他目的：为大国的经济利益服务。虽然法国和欧洲的精英一直密切关注新兴国家（中国、印度、俄罗斯等），但他们没有发觉自己的主要盟友早已将司法的“兵器库”填得满满当当。这是一种极具侵略性的武器，具有巨大的威力，2010 年之后，精英们为此吃尽了苦头。根据律师奥利维尔·德迈松·鲁热的说法，法律是“一种攻击性的武器，是经济战中可怕的子弹头”[7]。巴黎和纽约律师公会的成员，苏菲·瑟姆拉讲师将域外法定义为“一种大规模的司法经济武器”[8]。

毫无疑问，最强大的司法经济“战士”是美国。自 20 世纪 90 年代中期以来，美国将自己的惩罚性立法铺设到了全世界。

这些法律打着惩罚践踏人权或支持恐怖主义的国家或组织的幌子,实际上却保护美国的经济利益,其中最突出的就是美国的《达马托法》和 1996 年通过的《赫尔姆斯 – 伯顿法》。这些立法的官方目的是，禁止企业与美国的敌对国进行任何贸易往来，从而摧毁它们。被美国列入黑名单的国家有：古巴、利比亚、苏丹、伊朗、伊拉克、朝鲜、缅甸……这些法律禁止任何企业与上述国家进行交易。这是一种彻头彻尾的强迫政策，企业如果不遵守法令，就会遭到美国政府[9]的追捕。不服从这些法律的企业面临着很大的风险：针对它们的罚款可能高达数亿美元，在某些情况下甚至是数十亿美元。服从这种经济制裁是为了避免更坏的结果——被完全驱逐出美国市场。对于跨国公司，甚至是稍大一些的中等规模的企业来说，被赶出美国市场无异于被判处死刑。所有不遵守美国法律的企业都将遭受灭顶之灾。

如果美国法律仅仅适用于美国公司——正如此前几十年的情况一样，那么这个问题根本就不值得世界上其他国家关注。但是情况已经发生了变化。近年来，美国《反海外腐败法》以及针对违犯禁运令的行为的法律，即《赫尔姆斯 – 伯顿法》和《达马托法》，正在逐渐扩大其域外适用效力。它们适用于所有的企业和个人，“美国警长”打算将它的法律强加给全世界。在法学家布莱克 · 雷丁 2007 年撰写的一篇文章中，他将这种现象比喻成美国西部片中伸张正义的经典桥段，触犯禁令的罪犯将被驱逐到尚未开发的美国西部荒野中：“这是法律的长臂或美国法律在全球市场上适用的霸权风险。”[10]

但是归根结底，为何不为一部与邪恶做斗争的法律击掌叫好呢——即使它是域外法又有何妨？为什么不感谢美国人为整个地球伸张正义呢？问题是他们的干涉行动是否全都是出于匡扶正义的目的，这一点还有待观察。如果真相确实如此，如果他们对正义的渴望是如此真诚，那么他们为什么不加入负责追捕战争罪犯的国际刑事法院呢？[11] 难道，商业活动中的公平公正在他们眼中比人权还重要吗？

美国域外法的症结在于它的目的。这些法律真的像对外界宣称的那样高尚吗？我对此进行了调查，在许多观察者[12]看来，美国法律的对外输出目的颇为可疑。它绝不仅仅是为了弘扬正义，制裁反民主的政体、腐败的企业和个人，它还有更多隐蔽性的目的。

安托万·加拉蓬是法国司法高等研究所的大法官兼秘书长，皮埃尔·塞尔旺－施赖伯是巴黎和纽约律师公会的成员。他们合著的文章是有关这一问题的为数不多的文献之一。“将域外管辖权称为一种全新的治理方式是恰如其分的。这是一种新的使用权力的方式：更加务实、有效，但也更加阴险，它将美国自身的利益和商业道德绑在一起相提并论，甚至混为一谈。”[13]

对于研究这一现象的法国国民议会代表团来说，美国域外法确实是一种经济武器。议员们谴责这是一种“司法行政战争机器”[14]。他们认为，美国的法律有两个目标：对目标公司的财务进行沉重的打击；削弱这些公司的实力，使它们在美国竞争对手可能进行的收购面前变得更加脆弱。这种域外立法是美国地缘经济战略[15]的组成部分，被视为另一种制造战争和捍卫美国全球领导地位的手段。

这同样是法国反间谍组织的观点。2018 年 11 月 14 日，《费加罗报》头版报道的标题是“美国是如何监视我国企业的”。文章披露了法国内政部安全总局的一份公文，这份文件认为：“事实表明，美国正在部署一项旨在征服出口市场的战略——特别是对法国。这一战略通过具有攻击性的、对美国的经济利益有利的政策而得以实施。”法国内政部安全总局尤其关注的问题是，美国法律被用作国家战略武器来破坏他国企业的稳定，并用其来搜集他国企业的关键信息。[16]

全球“司法经济警察”的表现是如此“杰出”，甚至成功地让其他国家为美国经济体系的功能失调付费。2007 年爆发的次贷危机是 1929 年经济危机后全球历史上最大的一次金融危机，而由此产生的负债中，有一部分是由各大外国银行负责偿还的。别忘了究竟是什么引发了次贷危机——是华尔街那些蹩脚的“魔法师”发明出的“金融鸦片”。2009—2017 年，美国和欧洲各大银行因违犯美国法律和国际规范而被大西洋两岸的监管机构处以超过 3 450 亿美元的罚款。[17] 而欧洲银行为欧洲大陆的监管机构开出了数额高达 220 亿美元的支票。这仅仅占所有银行为解决与 2008 年金融危机相关的追诉而支付的罚款数额的 6%。同一时期，美国监管机构从包括欧洲银行在内的主要国际银行手中拿走了 1 900 亿美元。这些大银行还向投诉它们的客户支付了 1 330 亿美元的赔偿金。欧洲银行总共向美国和欧洲的监管机构支付了 1 250 亿美元（超过各大银行罚款总额的 1/3），[18] 其中大部分钱款都流入了美国监管机构的口袋。

首先，请不要误解，本书的目的不是要为那些被美国追诉的公司开脱，也不是把它们看作受害者。这些公司因腐败而被追责时，其违法事实（以美国法律的标准来看）往往已经得到证实。许多证据都可以证明法国和欧洲的某些公司确实有违法行为。问题是，这种针对他国公司腐败行为的追诉是不是破坏外国竞争对手的稳定性和保持美国世界经济霸主地位的障眼法呢？由于与被美国制裁的国家进行贸易往来，许多欧洲企业付出了高昂的代价。而美国对古巴和伊朗的大部分制裁措施已经超越了国际法惯例。

事实上，无论是联合国、世界贸易组织，还是其他多边机构，都没有像美国对古巴、伊朗甚至俄罗斯那样实施如此严厉的惩罚……另外，一些国际法学家拒绝使用“制裁”这个术语。在他们看来，制裁应该是国际社会集体实施或通过司法途径实施的一种行为，而不是单个国家的行为。这些法学家更倾向于将其称为“单方面的经济约束措施”[19]。但无论称其为措施还是制裁，结果都是一样的，例如对法国巴黎银行的巨额罚款。这家银行仅因为与伊朗、古巴和苏丹进行了美元交易，就不得不向美国财政部缴纳约 90 亿美元的罚款……而这些交易事实上还是被前述国际机构准许的。接下来，美国人列出的榜单上还有哪些公司？

尽管国际原子能机构的报告证明，伊朗遵守了伊朗核协议的规定，[20] 但特朗普还是在 2018 年 5 月 8 日撕毁协议，拉开了经济战的序幕。[21] 同日，美国驻德国大使敦促德国企业立即离开伊朗。美国财政部仅允许这些外国企业花几个月的时间收拾残局，到 11 月再离开。违反命令的企业将受到来自美国司法行政部门的追诉，这些追诉可能会导致巨额罚款，甚至让企业被彻底驱逐出美国市场。

那么，美国为何可以将本国法律强加于他国公司、起诉外国公司并对它们处以罚款，与此同时却没有任何人提出抗议呢？为了解答这个问题，首先必须了解美国域外法，如美国《反海外腐败法》《赫尔姆斯－伯顿法》《达马托法》……它们为什么会被制定，又是如何被制定出来的？它们针对的是谁？各国对“山姆大叔”的这种司法入侵做何反应？然后，有必要深入分析美国的司法程序为何可以对违犯禁运令的欧洲国家和欧洲企业进行制裁，包括西门子、阿尔卡特、阿尔斯通、德希尼布等公司，并有可能在未来波及欧洲航空工业的龙头——空中客车。最后，有必要探讨美国的经济战略，该战略不仅维护美国的经济利益，还发挥着“世界警察”的作用，使欧洲经济沦为美国经济的附庸，并禁止各国与伊朗等被宣布为“不可往来”的国家进行贸易。

为了撰写本书，我花了两年的时间进行调查。作为一名政治学家而不是法学家，我考察了法律如何被用作经济战的武器。我对能促使美国域外法输出的权力关系很感兴趣，并使用“域外法”一词来指代所有在全世界范围内具有效力的美国法律。

我与 50 多人进行了接触。大多数受访者都同意做证，前提是我要对他们的身份保密。访谈者包括律师、法官、高级管理人员、法国和欧盟的公职人员、警察、情报部门成员、政治家……其中有些人向我发送了机密文件，一些是应我的要求发送的，一些是主动寄送的。他们同意进行访谈，是因为他们认为时机已到——美国已经在这条路上走得太远了。他们认为，法国和欧洲不能再卑躬屈膝，只有采取强硬的政治措施，才能制止正在轰轰驶向欧洲并危及各国主权的、地狱般的美国经济战争机器。

最后还有一言：研究经济对抗现象绝不意味着鼓吹经济战争。依本人之见，事实正好相反。20多年来，我一直在研究经济冲突现象，认为这是由全球化引发的“病症”，而且随着不平等和不平衡现象的加剧，这一问题正变得越来越严重、紧迫，甚至失控。本书指出了实施经济战的某些做法——无论是国家、企业层面，还是个人层面，目的是提醒这个“病态”的世界，应当警惕经济的过度金融化，而且它还受到“相互竞争”的意识形态的破坏。超级全球竞争的“毒瘤”正在使人类迷失方向，摧毁我们的星球，摧毁地球上的生物，包括人类。它使一些人从事不道德甚至违法的行为。这不会为全人类带来任何收获，却会让我们失去一切。揭露这种邪恶，就是为了在一切追悔莫及之前，努力与之进行斗争。

第一部分
“山姆大叔”的域外管辖

美国领导人认为，经济战已经取代了冷战。1989 年，柏林墙轰然倒塌；两年后，苏联解体。东西方对抗终结，美国自此把国家战略重心转向了捍卫经济利益。1993 年，美国比尔·克林顿政府的国务卿沃伦·克里斯托弗向美国国会请求将政府曾用来对抗敌人的手段和资源用以应对全球竞争。2001 年发生的“9·11”恐怖袭击未能遏制这一势头，恰恰相反，借着打击恐怖主义的旗号，自 1993 年启动的经济战争机器运行得越发肆无忌惮。打击极端主义分子成为美国在全世界范围内实施霸权主义、干涉盟友经济事务的最佳托词。[1] 2000 年年中，美国声明，通过 SWIFT（环球同业银行金融电信协会）系统获取欧洲大陆上众多银行的用户数据和转账信息开展间谍活动是合理且合法的，并且其借着打击宗教极端分子之名指派美国国家安全局在全世界范围内部署监控系统。在美国当局看来，打击企业不法经济行为就是在阻断恐怖分子的财路，从而让他们没钱实施恐怖袭击。而对非民主国家的贪腐行为，美国则先下手为强，禁止他国与其进行经济往来，理由是出于公平竞争的需要，以期维护世界经济体系，这样做亦是为了阻断犯罪组织、黑帮和恐怖分子的财源。所谓的打击恐怖主义、黑帮、犯罪组织、核扩散、独裁专制、贪腐和违犯禁运令等名头，不过是为了让美国可以名正言顺地对它的敌人开战。美国当局部署多条战线，各战线协同推进，只是为了维护美国国家安全和经济霸权地位。

美国用一个像储备齐全的弹药库般庞大的法律体系，使自己立于全球化的道德制高点，这种不成文的潜规则也维护着上文提到的那些协同战线,甚至有人单纯地认为,美国利用这些市场“伎俩”只是为了维护自己的国家利益。[2] 美国借由域外管辖的合法化，让它可以堂而皇之地用政治和军事手段对任何国家施压，无论是它的盟国还是敌对国。美国只手遮天，肆意挑选那些可以与其结盟的国家,打击不与其结盟的对手。欧洲屈服于“山姆大叔”的经济霸权，只是为了得到美国的施舍。

1.《反海外腐败法》

——全世界围捕腐败企业

在美国，打击贪腐本源自一起国内纠纷。20世纪70年代中期，水门事件把企业贪腐行为曝光在公众眼前，让美国人民大为骇异。随后美国国会决定通过一部法案——1977年12月19日颁布了《反海外腐败法》。1975—1977年，代表选民的众议院议员目睹参议院议员由于“多国境外支付问题”[1]不断卷入听证会丑闻，为了应对这种情况，《反海外腐败法》应运而生。《反海外腐败法》禁止公务员在境外受贿。为了厘清这部法案的诞生始末，还要从那个年代的政治经济背景说起。

1974年8月，水门事件的阴霾尚未完全散尽，尼克松总统的引咎辞职坐实了无论是在美国本土，还是在境外企业和政党间都存在权钱交易。各大报纸头版头条报道了这些腐败交易，其中以洛克希德公司行贿案和香蕉门案影响最为恶劣。

洛克希德公司：行贿大师

20世纪50年代末期，航空制造业巨头洛克希德公司以在多国毫无廉耻地贿赂中间人的行为而出名，上至身居要位的政客，下到帮派头目，都受其“恩惠”，其腐败网络极为庞大，但其所作所为在该企业高层看来不过是“收买”市场的必需之举。

洛克希德公司的重要销售主管约翰·肯尼斯·赫尔曾被派往日本，肩负向日本空军售卖 F-104 战斗机的重任。为了更快速地完成任务，赫尔和第二次世界大战战犯、日本黑社会头目儿玉誉士夫接上了头儿。儿玉誉士夫拥有一张极其庞大的关系联络网，他与执政的自由民主党副主席极为熟识。日本自由民主党本由自由党和激进党合并而来，而激进党正是由美国中央情报局一手缔造并慷慨资助的。儿玉誉士夫又与时任日本首相岸信介交好。借着如此得天独厚的人脉网络，洛克希德公司不费吹灰之力就向日本空军卖出了 200 架战斗机。而其竞争对手，同为美国企业的诺思罗普·格鲁曼公司则惨淡出局。

洛克希德公司发现，将政治、投机与犯罪联结起来的这一做法十分奏效，便在民用航空市场如法炮制。时运亨通的洛克希德公司又恰恰赶上交际甚广的儿玉誉士夫与日本新任首相田中角荣有交情，田中角荣本人又出自自由民主党，因此只需引导这位大权在握的首相在洛克希德的订单上轻轻划几笔便大功告成。全日空航空公司购入了许多洛克希德 L-1011 三星客机，作为交换和酬劳，儿玉誉士夫获得了数百万美元。

1976 年，美国媒体曝光了这一丑闻。洛克希德公司的伎俩和美国中央情报局在其中扮演的角色成为各大报纸的头条。日本首相引咎辞职。在美国，这一事件引起了巨大轰动。国务卿亨利·基辛格为国家安全忧心忡忡：中央情报局的秘密及其内部网络的曝光对美国的国际形象极为不利。基辛格致信美国联邦检察官，令其遏制参议院报告中包含的敏感信息的扩散趋势。随后亲自促成众议院、检察官与洛克希德公司的法律顾问——罗杰斯和威尔斯律师事务所的律师——秘密协商解决该案。[2]

美国民主党参议员、跨国公司小组委员会[3]主席弗兰克·丘奇却没有听从基辛格的安排。1976年，他揭发洛克希德公司为了垄断市场动用30亿日元作为暗箱活动资金，公司内部将这一行动命名为“落花生”①。这显然名不副实：贪污者所贪何止小小的花生。数百万美元被其收入囊中，其中的一部分，约6亿日元（折合约200万美元），被用于贿赂日本政府官员。[4]

洛克希德公司并非唯一行蝇营狗苟之勾当的企业，但由于它的做法已成反面典型，所以定要为此付出沉重代价。在由弗兰克·丘奇参议员牵头组织、杰克·布卢姆具体执行的调查中，诺思罗普·格鲁曼公司（与洛克希德竞争的航空企业）的总裁宣称他亦受到洛克希德公司做法的影响，贿赂了多国公务员，其中包括一些欧洲国家的公务员。

1975年8月15日，洛克希德公司丑闻被揭发的6个月前，弗兰克·丘奇参议员曾向参议院负责银行案件的同僚咨询过一些相关信息，此时他已对美国飞机制造商洛克希德公司在欧洲市场的所作所为有所怀疑。随即参议院就发现了洛克希德公司曾以向德国政党领袖行贿的手段，向联邦德国售出多架F-104战斗机。无独有偶，在意大利和荷兰，洛克希德公司也如法炮制。[5]这一案件带来的恶劣影响已超出社会道德准则，舆论哗然，洛克希德

① 英语中“落花生”亦可指代一笔微不足道的小钱。——译者注

公司的声誉也受到严重冲击，美国国会迫于压力，决定出手力挽狂澜。一波未平一波又起，很快，另一丑闻又占据了各大报纸的头条，即香蕉门事件，[6]涉事企业向南美某个国家总统行贿，以求其尽可能少收取该企业的香蕉出口税。

香蕉门：洪都拉斯总统发大财

拉丁美洲是全世界最大的香蕉生产区域，而美国则是其最重要的买家。换言之，香蕉出口价格有任何波动，都会给美国进口商带来巨大影响。事情始于美国三家企业拒绝接受提高香蕉进口关税。香蕉出口国联盟负责协定和调整关税，该组织就像一个香蕉出口卡特尔。1974 年，这个联盟的成员涵盖中美和南美多国，如哥伦比亚、哥斯达黎加、厄瓜多尔、危地马拉、洪都拉斯、尼加拉瓜和巴拿马。联盟决定对每箱 40 斤香蕉收取 1 美元关税。这无疑会引起美国国内跨国公司[7]的怨怼，它们威胁要撤出市场。掌握着生杀大权的生产国并不理会它们的抗议。然而，同年，洪都拉斯却通过了一项规定香蕉关税为每箱 50 美分的法律，不久后又毫无预兆地将其降至每箱 25 美分。

美国当局对此表示极为惊讶，证券交易委员会对此展开了调查。戏剧性的突发事件为调查赢得了很多时间。1975 年，美国三大进口企业之一的联合商标公司的总裁伊莱・M. 布莱克自杀。通过调查他生前的举动，美国市场监管机构证券交易委员会很快就查清了为什么洪都拉斯的关税会突降。证券交易委员会调查发现，联合商标公司以 250 万美元贿赂了时任洪都拉斯总统奥斯瓦尔多·洛佩斯·阿雷利亚诺。250 万美元对该公司来说着实是一笔巨款，但与回报相比还算值得，算下来这为该公司节约了 750 万美元。证券交易委员会的调查还显示，该公司向一位意大利高层官员行贿 75 万美元，以求阻止意大利降低进口价格。

事实上，对于这种贿赂行为，证券交易委员会本可以睁一只眼闭一只眼，但让其感到困扰的是，这些钱并没有计入公司账目。在当时，美国法律并没有把贪腐行为定为一项罪行。相反，向持股人隐瞒各种信息司空见惯，即使是贿赂中间人这种重要信息。

比起证券交易委员会的制裁惩罚，联合商标公司更担心这一事件对公司声誉的影响。也正因如此，科文顿与柏灵律师事务所负责该公司案件的律师们刻意接近美国国务院的斡旋人，让他们对证券交易委员会施压，把事态平息下来。他们的主要论据是，这一事件既有损涉事企业，又让美国在外交舞台上颜面无光。但这一做法并未奏效。1975 年春天，媒体还是曝光了联合商标公司的这起丑闻。[8]

航空制造业和农业并非被腐败荼毒的两个特例行业。1977 年 9 月，美国国会的一份报告显示，逾 400 家美国企业曾有可疑或非法的转账交易。“不少企业供认曾对外国政府领导人、政客或政党行贿，金额累计超过 3 亿美元。”[9] 报告表达了对丧失道德感的企业家们和这些让全体美国企业蒙羞的贪腐行为的惋惜。历史充满讽刺，调查显示，大部分涉事企业的贪腐行为都不是为了和外国企业竞争，其目标往往是本国的竞争者。总之，报告显示，这些经济把戏玷污了美国的国际形象。

弗兰克·丘奇参议员也持有类似的观点，但比起美国老板的道德感和良知，他更担心美国的对外政策何去何从。“我们对公共良知或者私人道德感问题并不感兴趣。让我们备感焦虑的是美国的对外政策。”[10] 美国企业的贪腐行为演变成了关乎国家安全的大事。因此美国国会决定出手整顿秩序。但如何禁止这些不法行为呢？当时没有任何一条法律可以禁止这些贿赂行为，即使受贿的外国公务员触犯了他们国家的法律，美国司法也无权干涉。

更何况，卷入丑闻的国家常常没有财力、物力进行调查或者组织证据，“对于这些国家来说，实施调查着实困难，因为它们掌握不了证据。我们有这些证据，但是不能展开调查，因为我们国家的法律并没有禁止这种行为”。[11] 在当时的美国，人们完全可以贪腐贿赂，只要他们把一切都放在明面上。只有一种例外是法律所禁止的：任何意图垄断市场的腐败行为。

那么，仅仅呼吁广大企业家的良知和道德感就够了吗？参议员们持否定态度，他们担心如果坐视不管，这种行为会越发猖狂。为什么众多企业节衣缩食也要行贿呢？因为归根结底，它们并不会承受什么风险。微小的风险能换来巨大的利润，所得远偿所失。民主党参议员威廉·普罗克斯迈尔注意到，没有任何一个国家的领导人因此锒铛入狱，并且仅有三位企业主管因行贿被解雇。更糟糕的是，即使丑闻频出，像洛克希德这样的公司仍然在持续攫取利润。结论就是，要改变法律，并禁止对外国公职人员行贿。

有了这样一部法律，参议员们才长舒一口气，美国在世界上的领导地位得以巩固，这部法律也在一定程度上成为美国企业的竞争优势。从此，企业只要展示其道德感，并且将专注度放在提高产品质量上就可以拿下合约。然而，凡事无绝对。如何保证在面对不服从美国法律的竞争者时，这个金科玉律仍然有效呢？办法只有一个，那就是让它们遵守相同的法律。

美国希望其他国家也乖乖遵守它制定的规则。[12] 它甚至想帮这些国家借鉴自己的道路，尤其想将这套打击国际贸易合约缔结和谈判中的贪腐行为的体系推广出去。1977 年，美国国会通过了一项有关规范打击多边贪腐行为的决议。20 年后，这一目标达成了。经济合作与发展组织通过了一项打击对外国公职人员行贿的公约（之后我们再来说这件事）。

先回到最初这一步：1977 年美国通过了这部法律。参议员们纷纷思忖是将强制企业申报行贿金额这一举措写入法条，还是简单粗暴地明令禁止这种行为。当时美国政府采取了较温和的手段，其最大的顾虑就是，在美国境外无法搜集到足够多的证据。某些国家甚至会以危害国家利益和主权为由拒绝合作，还有一些国家会对制裁在其境内经济活动较为活跃的企业感到不满。

1976 年，由美国总统杰拉尔德·福特担任负责人、经济部长埃利奥特·理查森直接领导的立法工作小组正式组建，该小组的任务是推出一部约束性不那么强的法律。[13] 美国总统希望这部法律仅要求企业公开申报它们行贿的金额，违者将被追究民事和刑事责任。这一举措迫使企业必须要将情况告知其股东。这一法律的局限就是它的权限被严格限制住了，而且其执法范围只在美国本土。杰拉尔德·福特通过参与国际事务不断和美国的经济伙伴商谈共同遵守这一规则的可能性，并不断推广这一法律。[14]

福特最主要的反对者是民主党的吉米·卡特。卡特强烈反对这一法律，他认为总统的回应太软弱，对企业及其高层领导太过宽容。在1976年大选中，卡特作为竞选人猛烈抨击了福特的政策，甚至驳斥福特在某种意义上立法许可了腐败贿赂。卡特当选后就立刻摒弃了福特的计划，并将贪腐定罪量刑。美国国会议员们认为，“将贪腐贿赂定罪是抵制其不断蔓延的最有效方式，也是对企业的限制最少的做法”。[15]

1977年12月，联邦305号法案——《反海外腐败法》被表决通过，然而反对声却此起彼伏。这部法律最受人们质疑的地方是如何制裁发生在境外的违法行为，而且往往别的国家和美国的法律体系并不兼容。自《反海外腐败法》通过以来，如何进行域外管辖这一难题就摆在面前。时任总统卡特深知这一点，他呼吁国际社会携手合作，并推动其他多个国家在本国也通过类似的法律。[16]即使这样，吉米·卡特依然听到了一些美国企业的怨言，它们认为市场中仍广泛存在着恶性竞争，外国竞争者依旧可以为所欲为、不受管辖。[17]

全世界范围推行《反海外腐败法》

《反海外腐败法》全文有二十几页。它的执法范围[18]包括外国公职人员、已注册证券发行人、有权限呈交各类报表的人、各类领导人、行政高层、证券发行人或股东的代表或为他们工作的人的腐败行为，以及上述人群以权谋私、渎职违纪、收受各种形式的贿赂，包括各种口头或书面约定承诺等，以操纵国际贸易或利用权力对公共代理人行使职权而构成恶劣影响或唆使其收受好处、违反其法律义务的，或协助证券发行人刻意为某一方占有或保留市场或协助某方占有市场的行为。[19]

《反海外腐败法》一出台便自带域外属性，无论是在哪里发生的案件，只要涉事企业或其旗下任何一家分公司（抑或仅有一个贸易办事处）与美国有某种联系，比如用美元进行交易等，美国司法部门就可以对其展开调查或实施制裁。

哪怕其间的联系非常小，比如一封简单的电子邮件。2011年美国证券管理部门——证券交易委员会——和美国司法部联合向匈牙利电信公司开出一张数百万美元的罚单，其贪腐行为涉及该企业在马其顿和黑山的市场。匈牙利电信公司的母公司德国电信也因监管不力吃了罚单。与此同时，证券交易委员会还对匈牙利电信公司的三位前高管展开了调查，其中就包括公司的前任总裁埃莱克·施特劳布。这起案件和美国本土并无关联，但美国司法部却可以对这三位高管展开调查。为什么呢？因为其中一人使用在美国有服务器的电子邮箱发送了一封承认贪腐行为的邮件！2013年12月，美国纽约一法院判定证券交易委员会应用《反海外腐败法》对这三人展开调查是合法的。换句话说，只要使用了在美国有服务器的电子邮箱，美国司法部就可以摧毁一个企业，制裁它的高层管理者和雇员。

美国司法部拥有了这个无懈可击的搜刮金钱的“武器”，使用它可以调查任何有财务腐败方面问题的外国企业，只要有一个模棱两可的罪名，就可以名正言顺地查阅企业母公司的所有加密账目，借以得知其子公司的经营状况。对财务腐败问题的调查会使罪名叠加，让罪行越发严重，如违犯《反海外腐败法》、违反财务规范（账目与记录）、违反内部管控规定等。罪名越多，涉事企业受到的惩罚就越重，对其声誉的影响也就越恶劣。

主宰开头难

吉米·卡特明白，推动《反海外腐败法》绝非易事。美国政府内部已将此问题置于最高优先级谈论数次，但无任何实质性结果。1975 年，联合国通过 3514 号决议，[20] 意在打击所有违犯相关国家法律法规的腐败行为，美国力邀联合国成员国一起签署相关国际公约。联合国经济与社会理事会将相关公约整理成 2041 号决议，并于 1976 年 8 月 5 日通过了该项决议。该项决议提出，要组建一个世界贸易反腐败行为政府间工作小组。该小组组建三年后转变为“非法交易特别委员会”。非法交易特别委员会起草了一份计划书，旨在将企业视为法人追究刑事责任。美国大力倡议签订该计划书，但无功而返。1979 年，非法交易特别委员会由于各方意见出现分歧而停摆。“尽管大家，特别是美国代表付出了诸多努力，但各方并未达成共识……”[21]

为什么会发生这样的反转呢？这一结果并不能归咎于诸多发展中国家，它们虽然没有直接对计划提出疑问，但也并未实质性地参与谈判。分歧主要源自西方阵营。法律和政治问题是阻碍协议达成的两大主要因素，发达国家将国家主权看得比什么都重。哪一方的司法审判权能更有效地展开调查、追踪案件并打击犯罪呢？域外管辖之争依然是大家关注的焦点。谁都不甘心屈从于一部外国的法律，让其来监视自己国家的企业。“关于司法上的问题，很多国家的代表表示，即使存在一个强有力的域外管辖机制，它也无法和本国法律相容。”[22] 大家已经开始惧怕美国会主导世界市场。

美国人依然没有退让。他们通过国际商会从中斡旋，继续提倡这一主张。起初，国际商会组织了一项关于清查各国反腐败立法的国际调查。然后，它联络各个国家和企业，希望它们同意相关规定。[23] 很多跨国公司从中受到启发并制定了自己的内部战略方针。但也仅此而已。

由于 1979 年联合国和国际商会的尝试接连失败，美国政府开始反思：是否要减轻对企业的约束，抑或是继续提升《反海外腐败法》在全世界的影响力？联邦检察官菲利普·海曼思考，究竟能否阻止美国企业出于抢占市场、击败本国竞争者的目的进行的贪腐行为，[24] 而放任它们在面对外国竞争者时这样做？《反海外腐败法》的管辖界限究竟在哪里？ 1988 年，《反海外腐败法》的修正案允许在某一国家法律允许的情况下向该国公职人员馈送礼物和提供好处。美国的各大跨国公司认为这依然是对法律的粉饰，远不足以捍卫权益，它们呼吁要求统一法规。美国的游说人员便重新拿起他们的“魔法棒”，再次出山，准备为实现这一目标奔走造势。联合国这条路行不通，他们就决定从经济合作与发展组织入手，向其兜售他们的计划。

经济合作与发展组织如法炮制《反海外腐败法》

一场旷日持久的游说和司法外交拉锯战打响了。经济合作与发展组织终于在 1997 年 12 月 17 日通过了《反对在国际商务交易活动中行贿外国公职人员公约》(简称《反贿赂公约》)，这部公约的条文几乎照搬了美国的《反海外腐败法》。“经济合作与发展组织的公约很明显至少在四点上借鉴了《反海外腐败法》”[25]：在一定范围内允许外国公职人员收取酬劳；限制主动行贿（追查行贿人而非受贿人）；为了维护市场公平，对不法行为实施一定惩戒（不可出于私人目的行贿，制裁为行贿而伪造或隐瞒账目和资产负债表的行为）；允许跨国执法。

公约第五条明确规定，签约国要积极参与案件调查，即使这样做会对其涉外政策有一定的影响。“对于贿赂外国公职人员的调查和审讯，会在各方都可以接受的规则和准则下进行，不受国家经济利益、与别国的关系或涉事自然人法人身份的影响。”

美国的目的达到了：世界上绝大部分的经济主体都加入了美国的反腐败标准体系。“《反海外腐败法》的推动者们大喜过望，这部法律不仅直接影响了打击跨国腐败行为的国际公约和国家立法，如今还成功地使美国有权约束很多外国企业。”[26] 真是完美的一石二鸟：美国法律在世界范围推广开来，还将外国企业置于美国司法的审判台上。

44 个国家批准通过了经济合作与发展组织的《反贿赂公约》，其中有 8 个国家非该组织成员。该公约自 1999 年 2 月 15 日正式生效。这是否标志着美国司法开始对外国企业开枪了呢？从理论上讲，美国方面展开调查是完全合法的。但在最初，美国刻意有所收敛。两年后，2001 年的“9 · 11”恐怖袭击导致一条新的战线被开辟，美国领导人把所有精力都放在打击恐怖主义上了。首先是军事打击，入侵阿富汗；然后是伊拉克战争。但美国也没有停下向经济领域进军的脚步。

美国是如何做到的呢？切断恐怖主义组织的财源，打击腐败等一切疑似资助本 · 拉登及其他极端组织的肮脏交易。[27] 美国政府开始派出精锐力量追查这些款项的下落。美国中央情报局、国家安全局以及财政部工作人员变身为商业“特工”，他们的目标不只是企业、基金会或者近东和中东的非政府组织，他们的任务是扫描这个星球上经济领域发生的大事小情。在 2000 年初，各大银行和企业家进入了他们的雷达区。4 年后，第一批案件结案送审，美国国库充盈了。罚款金额从每年 1 亿美元上涨至 2010 年全年超过 18 亿美元，直到 2016 年罚款金额从未回落至两亿美元。[28]

与此同时，支持经济合作与发展组织公约的队伍也不断壮大。20 世纪 90 年代，一直回避该问题的欧洲委员会于 1997 年

11 月 6 日签署了一份决议，其中提出了打击腐败的 20 条准则，[29] 包括创建标准体系、监管机制和技术支持机制。同年，拉丁美洲加入经济合作与发展组织的 34 个国家中有 33 个联合签署了《美洲反腐败公约》，随后 2003 年非洲联盟也通过了《非洲联盟预防和打击腐败公约》。唯独亚洲缺席，没有签署该领域的区域联合公约。[30] 在 20 世纪 70 年代组织签约受挫后，联合国于 2003 年 10 月 31 日在墨西哥梅里达通过决议，签署《联合国反腐败公约》。[31] 该公约与之前已签署的公约相比并无太多变化，而签约国却增加到逾 170 个国家。该公约鼓励国家间相互协助调查，在司法方面给予便利。

2. 以法律为武器实施经济制裁

对于古巴，美国半个世纪以来都渴望着推翻卡斯特罗政权，一雪“猪湾事件”之耻。① 为达目的,美国转而以经济制裁为手段。自 1962 年始，美国通过法案对古巴实施禁运措施，[1] 希望借此封锁古巴的经济，进而鼓动古巴人民推翻卡斯特罗政权。然而，历史证明，“经济制裁往往并不能迫使制裁对象改变其行为”。[2]

同样，美国对古巴的经济贸易封锁政策并没有达到它的目的，因为苏联对古巴的经济援助一直持续到 1989 年，尽管古巴居民的生活水平依然达不到西方国家的标准。苏联的存在，让美国的禁运措施见效甚微……直到苏联在 1991 年解体。失去苏联的援助后，面对严重困难，古巴必须自力更生。美国更是借机强化经济孤立政策，并希望快刀斩乱麻，将古巴的政治经济开放彻底扼杀在摇篮之中，正所谓“在敌人最虚弱的时候摧毁敌人，这就是胜利的法则”。[3] 从 1992 年起，古巴政府启动了一系列改革，尤其是取消了国家在对外贸易上的垄断。[4] 同年，美国民主党议

---

① 1898 年西班牙在美西战争中失利，美国开始控制许多原属于西班牙的殖民地，古巴即为其中之一。1959 年菲德尔·卡斯特罗领导古巴人民推翻了美国长期扶植的巴蒂斯塔政权，加之卡斯特罗在冷战中的亲苏政策，古巴成为美国的“眼中钉，肉中刺”。1961 年，美国中央情报局协助一些流亡的古巴人（主要是反卡斯特罗政府群体）发动对卡斯特罗政权的军事入侵，但计划最终失败，这次事件有着深刻的国际影响，惯称“猪湾事件”。——译者注

员罗伯特·托里切利向美国国会提交的《古巴民主法》被表决通过，[5]该法案在很大程度上是受美国佛罗里达州反卡斯特罗政治游说的影响。如其名所示，《古巴民主法》宣称要在古巴推行民主制度。同样，法案禁止美国企业的海外分支机构和子公司与古巴进行贸易，美国政府也鼓励美国盟国最大限度地减少与古巴的贸易往来。[6]

4年后，1996年5月12日，美国国会故技重施。[7]《古巴自由与民主团结法案》被表决通过，不过该法案更为人熟知的名字是《赫尔姆斯－伯顿法》，也就是法案的提交者——两位国会议员的名字。杰西·赫尔姆斯是美国北卡罗来纳州共和党参议员，一个彻头彻尾的美国保守主义人物、坚定的白人主义者，极少关心与体恤美国少数群体的诉求。丹尼·李·伯顿是印第安纳州共和党代表，也是克林顿政府的强烈反对者。

美国《赫尔姆斯－伯顿法》进一步强化了其于1962年确立的禁运政策，并且要切断加勒比海诸岛与外部的贸易往来，法案不仅针对美国的个人和企业，同样适用于美国境外的个人与企业，其声称要"协助古巴人民恢复自由与繁荣""鼓励民主自由选举团体常态化""加强对卡斯特罗政府的国际制裁""保护美国公民免受卡斯特罗政府非法没收财产，以及防止古巴非法贩运被没收的财产"。[8]

《赫尔姆斯－伯顿法》是对"不干涉他国内政"这一基本国际关系规则的戏弄和违背，美国政府对此心知肚明，却完全不把这件事放在眼里。法案第二编甚至对"后卡斯特罗"政权进行了规划，法案的这部分内容的章名为“对自由独立的古巴的援助”，其规定（推翻卡斯特罗政府后）要先任命一个过渡政府，随后再建立由民主选举产生的政府（第205条、第206条），当然，这一切都得照着美国标准来。法案预想的古巴政府，是一个不再流着卡斯特罗家族血液的政府，不会再干扰马蒂广播电视台，[9]还会老老实实地补偿卡斯特罗革命后被没收财产的美国公民，并且实行市场经济。从法案背后的逻辑来看，卡斯特罗政权被妖魔化到了极点。

法案提交后引发热议和争论，而当时正值总统大选，这绝对不是巧合。比尔·克林顿当时正在谋求连任，对法案的两位推动者来说，这是撼动克林顿选举地位的大好机会。对共和党人而言，法案越来越成为其标榜自己才是美国国家利益捍卫者的选举筹码。比尔·克林顿本来是不支持法案的，他违心签署该法案也是为了不想站在共和党舆论的风口浪尖。[10]

《赫尔姆斯–伯顿法》分为四个部分。第一部分旨在“强化对卡斯特罗政府的国际制裁”；第二部分是关于扶持一个向美国俯首称臣的新政府；第三、第四部分则是制裁的具体内容，还涉及对20世纪60年代被卡斯特罗政府没收财产的美国公民的赔偿问题。

在谈及与古巴的商贸往来时，法案特地使用了“trafficking”这样的字眼，“trafficking”在英文中通常指非法交易，美国国会显然是有意借此给所有与古巴有经济往来的经济体蒙上晦暗不明的色彩，并劝阻一切想和古巴进行贸易的企业。法案毫不掩饰对欧洲企业的勒索态度，因为，在该法案第4条下，与古巴有商业往来的公司会被直接认定为“非法商贩”。非法商贩指，“直接或间接与古巴进行贸易者，即出售、转让、经销、分配，用以进行金融交易……或以任何其他方式处置革命后被没收的美国公民财产的行为；或购买、租用、接收、占有、控制、管理、使用或其他实际获得和享有革命后被没收的美国公民财产的利益的行为”。[11] 而事实上，这些被没收的财产恰恰可以指代古巴几乎所有的产品和服务，因为革命后卡斯特罗政府将其全部国有化，这进一步使《赫尔姆斯－伯顿法》成为服务美国经济利益的强有力工具。法案还明确规定了被没收财产的美国公民可以在美国司法机关诉请损害赔偿额的计算方式，并指明，前述“非法商贩”及其家庭成员均将被美国拒签。美国路易斯安那州共和党代表鲍勃·利文斯顿认为：“这背后的逻辑就是，众多跨国公司必须做出一个基本的选择，要么无视美国公民的财产权，维持与卡斯特罗的往来，要么远离全球最大的市场（美国）。”[12]

被美国盯上的伊朗和利比亚

紧随《赫尔姆斯－伯顿法》之后，1996年8月5日，美国国会又通过了《伊朗与利比亚制裁法》，同样，其更家喻户晓的名字——《达马托－肯尼迪法案》，也是来自法案的两位提交者（国内通常称该法案为《达马托法》）。艾尔冯斯·达马托是纽约州共和党参议员，帕特里克·肯尼迪是罗得岛州民主党众议员。

这回，轮到伊朗和利比亚来接受美国的经济隔离政策了。法案意在切断两国支持国际恐怖主义行动的经济来源，摧毁其获取大规模杀伤性武器的能力。法案尤其给利比亚施压，要求卡扎菲遵守联合国安理会第731、748、883号决议，这几项决议都要求利比亚对两起民航恐怖袭击案负责：1988年，一架泛美航空客机受到袭击，然后在苏格兰洛克比镇坠毁；①1989年，一架法国联合航空运输公司客机也因恐怖袭击在尼日尔上空爆炸。②《达马托法》至少是具备法律和国际基础的，这两起恐怖袭击事件后，利比亚成了联合国的重点监视对象。

依照《达马托法》，任何企业和个人在伊朗或利比亚年投资额超过4 000万美元（一次或分期），并且投资将直接或间接扶持两国石油、天然气行业的，应当受到处罚。其他与联合国决议相抵触的任何投资也都将成为处罚对象。道达尔公司前法务总监阿兰－马克·伊里苏认为，如果说反古巴的《赫尔姆斯－伯顿法》的通过在一定程度上归功于在佛罗里达州流亡的古巴裔群体的政治游说，那么《达马托法》则是强有力的亲以色列游说的结果，他指出，艾尔冯斯·达马托在其所在的纽约州选区笼络了一大批美裔以色列群体，“这个群体代表的正是在美国极具影响力的美国以色列公共事务委员会……委员会强烈谴责道达尔签署的合同”。[13]

两部法案都企图狠狠地打击了古巴、伊朗、利比亚这些美国

① 即著名的洛克比空难，涉案主犯为两名利比亚人。——译者注

② 即尼日尔空难，涉案人员也为利比亚人，法国与利比亚直至2004年才就此事达成协议。——译者注

的敌对国家，使美国将其玩弄于股掌之间。但可能并非所有美国企业和海外企业都会遵守美国的禁运令。违犯者（个人及企业）将面临被美国列入特别指定国民名单[14]的风险，这可是份颇具威力的经济死刑名单，由美国财政部海外资产控制办公室建立，[15]美国财政部海外资产控制办公室是隶属于美国财政部的利器，专门负责对禁运国家执行制裁，美国禁止任何国家的企业与特别指定国民名单上的个人、企业发生往来关系。如果你的名字出现在名单上，那么恭喜你，美国市场的大门已经向你关闭了，而事实上这也相当于被整个世界市场拒之门外。

奠定国内法具有域外效力的判决

仅由美国国会通过的《赫尔姆斯 – 伯顿法》与《达马托法》就能颐指气使地去操纵国际关系，这到底合不合法？数十年来，诸多知名法学家一直没有停止对域外法权（或者说国内法的域外效力）这一法律概念进行研究，布里吉特 · 施特恩就格外关注这一领域。[16] 1927 年 9 月 27 日，国际常设法院就“荷花号案”做出传名于世的判决，该判决对一国国内法的域外效力予以认可 。这一案件值得我们探讨。案件大致情况如下。

1926 年 8 月，法国“荷花号”邮船在公海撞击了土耳其蒸汽船“博兹 – 库特号”，造成 8 名土耳其人死亡，并致使船体沉没。“荷花号”上的值班负责人员被土耳其政府逮捕，并被判处刑罚。法国政府对此进行了船旗国管辖抗辩，认为在公海上发生的犯罪行为应当由行为人所在的船旗国来管辖；而土耳其主张，只要土耳其公民受到犯罪行为的侵害，土耳其就拥有对事管辖权。双方将纠纷交予了国际常设法院受理，最终国际常设法院做出支持土耳其的判决。法院的判决书无比晦涩，可以想象当时判决书起草者在做决断时的纠结："国际法并不禁止一国对发生在域外，并且没有相关国际法授权性规则规范的案件行使管辖权……也完全未禁止一国把本国法律及其法院的管辖权扩大并适用于在其境外的人、财产和行为，国际法对此赋予各国广泛的自由，除非特定情形下存在明确的禁止性规定；在其他情形下，任何国家均享有采用其认为最优化、最合适的原则性规定的自由；国际法赋予的这种自由权利，体现了法律规则制定的多样性，任何国家有权不顾其他国家的反对或主张制定这些规则。"[17]

换言之，依照"荷花号案"确立的原则，凡是国际法未禁止即可为。但为何不可以这样理解：国际法的确未否认法律的域外效力，但这就能代表肯定法律的域外效力吗？国际法的这种立法空白只能不断通过国际公约和协定来填补。1982 年 12 月 10 日，在牙买加的蒙特哥湾，各国共同签署了《联合国海洋法公约》，各国国内法对发生在公海，即国际水域上的航行事故的管辖权受到《联合国海洋法公约》的限制。《联合国海洋法公约》（第 97 条）规定，公海航行事故中具有管辖权的司法机关包括：船旗国司法机关、船长所在国或者被起诉人所在地司法机关。

理论上讲，一国法律是可以有国际效力的。不过国内立法要具备对外效力，需要具备一定条件。[18] 国际法将国内法的域外效力（或管辖权[19]）分为五个层面。

第一个是对积极行为人的管辖，也即一国有权追究本国国民在域外的违法行为。但值得注意的是，《赫尔姆斯－伯顿法》与《达马托法》同样针对国外的个人和企业。

第二个是对消极行为人的管辖。只要一国的公民在域外遭受外国人的不法侵害，一国即对此有管辖权。不过，国际法规定，需要审慎行使这种管辖权，它一般被限于刑事领域。然而，美国法律对各国公民与企业的民事、刑事责任都大包大揽。

第三个是安全利益管辖。一国有权制定法律，保护本国各个方面的重大利益及国家安全。如今的古巴是如何影响到美国安全的，似乎没人说得清楚，但对于伊朗和利比亚，美国起码还找得出理由，阻止两国支持对美的恐怖主义势力。

第四个是实质利益管辖。如果某一在本国领土之外实施的行为对本国利益产生了实质性的侵害，那么一国可以对该行为行使管辖权。《赫尔姆斯－伯顿法》（第 301 条）就以此为由，主张："如果发生在一国域外的行为会对一国利益产生实质性的影响，或者行为人明知其行为会对一国利益产生实质性侵害，那么一国有权对此制定相关的法律规则，国际法亦承认这种权利。"而且，美国对"实质性侵害"进行了大范围的扩张解释。[20] 依照国际法，对于实质性侵害本国利益的行为，一国应当采取合理的应对措施，而且，一国亦应判断该侵害行为是否基于直接故意。从《赫尔姆斯－伯顿法》来看，我们很难看出古巴革命后，古巴的工商、银行业国有化对美国本土利益有什么实质性侵害。对美国的一些资产进行征用就算故意侵害美国的利益吗？这些问题都没有明确答案。《赫尔姆斯－伯顿法》也完全没有任何合理的解释，更没有证据证明古巴确有所谓的"邪恶计划"。何况被剥夺财产权的是个人，美国联邦政府并未受到侵害。总之，在对古巴政策方面，美国实在没有强有力的论据在其立法中适用"实质性侵害"管辖理论。同样，《达马托法》也并没有合理评估利比亚、伊朗对美国经济利益有什么实质性侵害。

第五个是普遍管辖权。在这一原则下，任何国家对于一切威胁整个国际社会利益的行为都有立法管辖权，国际社会在打击恐怖主义方面的共同努力就是典型的例子。当然，美国也毫不犹豫地通过这一点来为本国立法找寻恰当的理由：《达马托法》多项条款均以联合国决议为由，将矛头指向利比亚。而对于古巴，美国人貌似拿不出什么理由来证明其对国际安全构成了威胁。哪怕古巴政府人权保护缺位，也并不足以说明其适用普遍管辖原则。

简言之，从国际习惯和国际法的角度讲，美国法律的域外效力还是相当有争议的，这倒不是说美国的所作所为一定非法。如前所述，国际法是允许一国制定产生域外效力的法律规则的，但美国基于此开展其在国际经济领域的法律干涉政策，确实做过头了。米歇尔·科纳尔写道："在未经国际社会合法授权的情况下，美国单方面授予自己打击违犯国际法行为的权力，至此美国的全球化扩张已经超过必要限度了，因为美国妄自以'世界管辖权'来适用国际法。"[21]

美国以保护本国的安全和利益为由，通过制定强加于外国的法律来掀起对敌国的经济战，并强行让美国盟友加入其行列，甚至不惜牺牲后者的利益。美国的经济封锁政策要想取得成效，势必要做得彻底。其他的欧洲企业又无法趁美国对敌国实施封锁政策时抢占美国市场，美国的禁运措施实际上类似"焦土政策"，脱离了可口可乐、亚马逊、麦当劳、波音，以及其他美国商业巨头，没有企业会走得长远。美国的目的就是让世界市场厌恶这种法律、经济上的不确定状态，使没有人愿意再在这些问题国家投资。也因为如此，美国得以在干涉敌对国家内政的同时，又介入第三方国家的外交。总之，这些法律在不断增强美国的强权。桑德拉·苏赖克评论道："如果说美国的这些法案的立法目的是出于强化对古巴、利比亚、伊朗的制裁，那么从整个制裁机制的复杂程度来看，这其实是美国谋求世界霸权的新体现……"[22]

美国：独自对抗全世界

《赫尔姆斯－伯顿法》与《达马托法》在全世界都引起了不满。美国打着维护本国安全和利益的幌子，针对他国展开经济立法，让各国以及各跨国机构都极为愤慨。布里吉特·施特恩写道："美国企图借助这两部法律来发挥其经济武器的效用，最终达成规范政治秩序的公开目的：孤立古巴、推行美国式民主、倒逼伊朗和利比亚失去一切支持恐怖主义行动并发展军工业的资金来源。然而，在美国与欧盟、日本的商业竞争如此激烈的背景下，很难说这些公开目的的背后，美国到底有没有经济竞争上的考量。”[23]

由于国际上对利比亚和伊朗的打击本就不少，美国盟国对美国的指责更多的是针对《赫尔姆斯–伯顿法》的，世界范围内因违犯这些法律而被定罪的国家和地区激增，包括加拿大、欧洲、日本、俄罗斯、中国，甚至还有埃及和中东。[24] 1996 年 8 月 8 日，埃及《金字塔日报》谴责美国政府以打击恐怖主义为名，将其意志强加于各个盟国。埃及反对派日报《华夫脱报》的指责更为严厉：“通过签署这项法案，美国总统放弃了民主世界领导者的地位，相反，它将我们带回中世纪，像罗马教皇一样，将所有在伊朗、利比亚石油天然气行业已经投资了 4 000 多万美元的外国企业一律‘开除教籍’。”[25] 时任爱尔兰外交部长的迪克·斯普林认为，法案对欧美关系的影响极其不利、令人担忧。澳大利亚前商务部长蒂姆·费舍尔甚至认为，法案的原则从根本上就是错误的。俄罗斯前外交部长叶夫根尼·普里马科夫说得更加直截了当：“法案不可接受，非常不利于中东地区的和平与稳定。”

在与美国关系最紧密的几个盟友中，作为北约成员国的土耳其最反对《达马托法》。法案通过时，土耳其政府刚刚和伊朗政府达成商业协议，双方签署了一份标的额达 230 亿美元、为期 22 年的天然气运输合同，以及一份从大不里士到土耳其边界的天然气管道建设合同，此次合作每年可以为伊朗创造 10 亿美元的收入。另外，两国政府还承诺致力于增加贸易往来，力求达成年贸易额从9.6亿美元升至25亿美元的目标。现在被《达马托法》这么一折腾，土耳其真是倒了大霉。

中美两国各自的盟友和伙伴又是什么态度呢？“大西洋彼岸没有谁想跟美国打商战，没有人愿意成为美国的制裁对象。不过和欧盟一样，加拿大、中国都不想乖乖向美国让步，毕竟美国这些举动是对全球市场巨大的侵略性打击。”[26]那么，各国是如何应对美国强势施压的？

在1996年8月23日美洲国家组织大会上，该组织法律委员会宣布《赫尔姆斯-伯顿法》与国际法相抵触。1996年9月4日，在玻利维亚科恰班巴市举行的拉美国家峰会上，各国首脑强烈谴责《赫尔姆斯-伯顿法》。1996年11月12日，联合国大会以绝对多数（137票同意，3票反对，25票弃权）通过了反对美国单方面对古巴采取禁运措施的决议，并以有损全球贸易自由为由，强令美国废止《赫尔姆斯-伯顿法》。而就在1996年11月10日举行的第10届伊比利亚美洲首脑峰会上，21国（西班牙语系、葡萄牙语系国家）政府首脑要求美国停止针对古巴的立法行为，他们认为美国完全是在挑战国家主权这一基本原则。为了获得这些国家的支持，菲德尔·卡斯特罗还签署了鼓吹政治多元化和自由选举的峰会宣言。

世界各大经济体也不得不有所回应。在1996年6月里昂G7（七国集团）峰会上，各大经济体一致反对美国的经济单边主义。世界贸易组织秘书处也加入了同美国唱反调的行列：“面对越来越多利用双边主义和单边主义的行为，美国及其合作伙伴应当采取反对立场，这一点是至关重要的。”[27]

法国数月来也一直在幕后劝阻美国议员，可仍是徒劳的。法国外交部法律事务司副司长德尼·维博说道：“法国和其他伙伴国家已经尝试过动用传统的外交手段，阻止美国政府和美国国会通过这两部法案。”[28] 他还指出，法国政府向美国国会议员发送过多封信件，指明法案的非法性，并警示这些法案与美国在自由贸易协定中做出的承诺，尤其是与1994年的《马拉喀什建立世界贸易组织协定》背道而驰。最后法国的努力未取得成效，不过法国政府并没有放弃。尽管法案最终获得通过，但（法国）一系列外交行为“给美国政府施加了一定的压力，一定程度上可以遏制美国的种种不当行径”。[29]

美国盟友的反击

再来看看各国和各地区的“书面抗议”。在法律层面，加拿大、欧盟、墨西哥都将矛头指向美国，并进行抵抗和反击，谴责美国公然违犯国际法。1996年10月9日，加拿大为保护本国企业的利益，修订了1985年制定的一部法案。[30] 1996年10月24日，墨西哥投票通过一部反对美国法的法案。[31] 同年11月22日，欧盟委员会通过一项“针对第三方国家制定的具备域外适用效力的法律，以及基于、源自此种法律行为的保护性条例”，即《欧盟阻断法案》。

从字面上看，《欧盟阻断法案》像是一部真正的反抵制（古巴、伊朗、利比亚）法，仅有丹麦对欧盟出台的这一法案态度不太明朗。与美国的两部法案相对应，《欧盟阻断法案》规定：“这一类（某一国制定的具有域外适用效力的）法律、规章及其他法律规范性文件，以及基于、源自这些法律法规及其他法律规范性文件的行为，影响或者可能影响既定的法律秩序，并损害共同体和行使共同体条约项下权利的自然人、法人的利益。”[32]《欧盟阻断法案》直接援引了《赫尔姆斯－伯顿法》与《达马托法》，但又不限于这两部法案，[33]它呼吁欧洲企业保持透明，并应当公开所受到的（域外法的）不当制裁。《欧盟阻断法案》生效两年后，法国政府认为，比利时的行动力非常不足，德尼·维博评论道：“可见欧盟这一规则的执行效果并不怎么明显。”[34]

加拿大、墨西哥、欧盟出台的应对性法律围绕着四个主轴展开：严禁本国国民屈服于美国法的命令；对违犯《欧盟阻断法案》规定的人进行处罚；忽视美国的立法决策与立法成果；最后，即实施反制措施，[35]专门针对从美国法院获得有利判决的美国企业与公民。

第一个主轴是抵制性立法。《欧盟阻断法案》禁止欧盟的经济活动者理会美国法（有域外适用效力）的禁令。其中第5条规定：“任何被（域外法）针对的个人……不得直接或通过分支机构、中介机构积极地或过失地遵守欧盟域外法的规定、禁令，包括国外司法机关的传票。”[36]当然，《欧盟阻断法案》也规定，欧盟委员会在例外情形下可准许有关法人或自然人遵守国外有权机关的要求。

前述加拿大的法案（第 7 条）和墨西哥的法案（第 1 条）都禁止任何人（包括本国国民及在本国境内的外国人）遵守国外法（有域外适用效力的）。[37]

第二个主轴，即对所有不遵守本国法律法规，反而遵守美国强制性要求的企业实施经济制裁措施。墨西哥的法案会根据企业违犯本国法律法规的严重程度来确定罚款数额。《欧盟阻断法案》将这一制裁权下放至欧盟各成员国（第 9 条）。加拿大的法案则以牙还牙，确定了比美国还重的罚款数额：1996 年法案修订时，对一家企业的最高罚款数额从 1 万美元增加至 150 万加元，[38] 违规者最高还可能被判处 5 年有期徒刑。

第三个主轴就是对美国法的效力置若罔闻，参见《欧盟阻断法案》第 4 条、加拿大的法案第 8 条，[39] 以及墨西哥的法案第 4 条。[40]《欧盟阻断法案》明确规定："任何赋予本条例附件所列示的法律或基于源自前述法律的行为效力的欧盟外部司法、行政机关的决定或命令都是无效的，并且不能作为执行依据。"

第四个主轴，即这些抵制性立法均赋予因国外法而遭到损失的公民及企业向本国司法机关寻求援助的权利。参见《欧盟阻断法案》第 6 条、加拿大的法案第 9 条以及墨西哥的法案第 5 条。欧盟境内的法院将使在美国法院诉讼中的受益人承担与因被《赫尔姆斯 – 伯顿法》《达马托法》处罚而造成的损失相同的赔偿责任。《欧盟阻断法案》还规定，因被《赫尔姆斯 – 伯顿法》《达马托法》处罚而遭受损失的个人，可以通过请求冻结造成损失一方在欧盟境内财产的方式获得损害赔偿（《欧盟阻断法案》第 6 条）。

正所谓“以眼还眼，以牙还牙”。至少法律条款上是这样规定的。而实际上呢？不管是欧盟、加拿大还是墨西哥，都是放低身段让美国放过本国企业一马。最后的态度，总归是逐步承认和适应 1996 年的两部美国法案。可是，这种立场与 1982 年面对罗纳德 · 里根总统时的立场完全不同。

那一年，里根总统希望对苏联技术的出口禁运扩大到美国跨国企业的欧洲子公司，而当时这些公司正在进行连接西伯利亚与西欧的天然气管道建设项目。连历来亲美的时任英国首相玛格丽特 · 撒切尔都同美国唱反调，她说道：“问题在于，美国这样的经济强国，该不该阻止他国履行经济合同？我认为答案是否定的。”[41] 法国阿尔斯通公司因持有美国通用电气的许可证，大胆为苏联天然气管道制造零件而成为美国的制裁对象。德国首相赫尔穆特 · 施密特宣布，德国不会受制于美国的威胁。当年，团结在欧洲经济共同体之下的欧洲人就是这样齐心协力地谴责美国“立法的域外扩张”，并浇灭美国的嚣张气焰的。

向世界贸易组织起诉美国

再回到 1996 年。法国仍然站在“抗美”前线，时任法国外交部长赫维 · 德夏雷特宣称：“这两部法案（即《赫尔姆斯 – 伯顿法》与《达马托法》）已经超越了红线，体现了美国的单边主义立场……这是对国际贸易原则的严重违反，而且两部法案与反恐毫不相关。”[42] 法国外交部长还称，法国已经做好应对美国制裁的准备。在法国的推波助澜下，欧盟向世界贸易组织提起了对美国的诉讼。

从1996年4月起，美欧双方就开始安排协商讨论。欧盟寄希望于1996年美国大选可以改变美国法案问题的局势，但比尔·克林顿获得连任后，美国并未改变适用法案的立场。面对美方的强硬态度，欧盟威胁将向世界贸易组织起诉。欧盟其实并不想成为这场本与自己无关的冲突的附带牺牲品。布里吉特·施特恩写道："这两部法案引发了对外经济制裁合法性的问题，法案是在制裁敌对国的背景下制定的，法案的一个精髓就在于，美国通过给那些与敌对国有经贸往来的盟友施压，间接地打击敌对国。"[43]

1996年10月4日，加拿大、欧盟正式起诉，并要求世界贸易组织成立争端解决小组，就《赫尔姆斯－伯顿法》做出裁决。美国提出异议，但异议无效。争端解决小组成员于11月20日获得任命，3个月后小组正式成立。欧盟的团结一致初获回报。欧盟委员会发言人说道："（世界贸易组织）这一举动将建立起欧盟在国际经济贸易舞台的信誉。"[44]欧盟的反抗，以及向世界贸易组织一而再、再而三地上诉让美国很不高兴。世界贸易组织的宗旨是促进世界贸易，推行自由贸易的价值和利益，美国当然不希望成为第一批被世界贸易组织制裁的国家。要记得，世界贸易组织在1994年取代了《关税及贸易总协定》。[45]《关税及贸易总协定》最早于1948年生效，这是世界上第一个多边自由贸易协定，特别值得称道的是，其旨在降低关税壁垒。随后美国驻日内瓦大使布思·加德纳威胁称，继续诉讼会对世界贸易组织产生严峻的、不可估量的影响。美国主张其制定具备域外效力的法律是出于政治领域的考量，与经济无关，所有对外制裁措施都是为了捍卫本国安全与利益，还援引了《关税及贸易总协定》第 21 条有关“涉及国家安全的例外情形”作为抗辩理由，所以这些事务已经超出了世界贸易组织这种经贸组织的管辖范围。这些理由当然说服不了任何人，但专门小组也就此搁置争议，于是北大西洋两岸的关系继续僵持着。

12 月初，局势又发生了变化。迫于美国施压，欧盟只好对古巴采取更强硬的态度。当时欧盟的 15 个成员国均对古巴领导人提出严正要求，希望古巴国内民主化能有明确的进展。美国对此十分满意，美国国务院表示，鉴于欧盟的态度，可以考虑对《赫尔姆斯－伯顿法》《达马托法》的适用范围进行一定调整。所以欧盟让步了吗？没有。欧盟委员会的回答很坚定，其目标从未改变，那就是让美国的域外法受到世界贸易组织的惩治。

不过这不是欧美关系的惯常剧本。因为在一般情况下，欧盟都是先义愤填膺，再选择退缩，以便和美国达成妥协。世界贸易组织此次诉讼在 1997 年 4 月 11 日终止。随后欧方谈判代表、欧盟国际贸易专员列昂·布里坦爵士，与美方代表、克林顿总统特使、负责处理国际贸易事务的副国务卿斯图尔特·艾森斯塔特达成了协议，欧盟同意撤诉。作为回报，比尔·克林顿承诺美国缓施《赫尔姆斯－伯顿法》第 3 条，直至其任期结束。缓施的条款内容是：允许美国公民向法院对占用其财产（指古巴革命后古巴政府强征的财产）获利的非美国企业和个人起诉，或者同他们自认为是合法所有权人的国有化公司进行商贸往来。美国政府也紧锣密鼓地与美国国会协商，暂停已经宣判的制裁欧洲企业家的举措，并恢复欧洲企业在美国的正常运营，比如西班牙的美利亚酒店及度假村集团。

这是欧洲大陆对美国法律战的胜利吗？别天真了，这不过是虚假的胜利。时间会证明这一点。欧洲企业马上就会迎来美国司法行政机关的拷打。法国、意大利、比利时、西班牙最为心灰意冷。这四国反对妥协并希望将诉讼进行到底，坚持要让世界贸易组织强制美国废除两部法案。可惜四国只代表了欧盟的少数派立场。放弃诉讼，欧盟其实错失了一个捍卫自身利益的大好时机，欧洲企业将为之付出巨大的代价。

因为根本问题靠谈判并没有解决。美国的这点妥协是靠不住的，这不过是出于总统个人的一点善意和美国国会的同情。欧盟的一部分法律和经济主权就这么拱手让出了。

美国域外法律的经济后果

法案出台前，古巴本是欧盟的重要客户，古巴 45% 的贸易来自西班牙、意大利、德国和法国。加拿大是第一个与古巴年贸易额（进口及出口）超过 5 亿美元的国家。法国、德国和英国也保持了与伊朗的贸易往来，尤其是在能源领域。西欧 20% 的石油进口来自伊朗（第四大石油供应国）和利比亚（第十五大供应国），意大利和法国均有企业在利比亚投资建厂（如能源行业的意大利埃尼集团和法国道达尔公司），法国企业在伊朗也有投资，如标致汽车，道达尔公司在利比亚已经投资近 15 亿美元，[46] 同时还参与经营马布鲁克油田。由于美国的制裁令，美国石油巨头康菲撤出伊朗，道达尔承诺开发两个海上油田 Sirri A 和 E 油田（投资额达 6 亿美元），道达尔旗下的埃尔夫公司也从伊朗政府手中获得经营多鲁德油田的特许权，并最后和意大利埃尼集团共同开发。埃尔夫公司还和加拿大公司 Bow Valley 合资开发了位于波斯湾的海上油田 Balal 项目（埃尔夫占有其 85% 的份额）。[47]

法国的乘虚而入令美国大为不快。随后美国国务院发言人尼古拉斯·伯恩斯发表了挑衅性的讲话。克林顿总统签署《达马托法》时，洛克比空难罹难者家属都在场见证了美国制裁利比亚的时刻，这一幕也为《达马托法》打上了“反恐法案”的烙印，可就在法案签署几个小时之后，克林顿就有了完全不同的另一套说法：“法国道达尔公司取代了康菲公司在伊朗的位置，还借机赢得了这份本来属于康菲公司的大订单，我们希望对这种截获他人利益的公司进行惩罚。”[48]

道达尔的投机行为和恐怖势力毫不相关，何况道达尔之所以获得石油合同，是因为美国公司被自己国家的法案赶跑了，所以前述逻辑真是匪夷所思。道达尔前法务总监阿兰－马克·伊里苏认为：“《赫尔姆斯－伯顿法》和《达马托法》就是美国在政治上倒行逆施的范例。”[49] 法国里昂信贷银行法务部的皮耶尔·维勒奥尔认为，还有一个相对来说不那么严峻，但同样令人担忧的问题，就是该法案对国际贸易秩序的扰乱和对第三方国家主权的侵犯。[50]在他看来，他们所有的银行业务，从简单到复杂的都受到这些法律的影响。

被大企业抛弃的古巴

美国的立法收到成效了吗？成效显著。法案出台后，大部分跨国企业都和古巴保持了距离，古巴也丧失向国际大型公司学习技术的机会。[51]墨西哥著名水泥建材制造商西麦斯在美国政府指示收回古巴一家曾属于美国的工厂之后就撤出了古巴。另一家墨西哥电信公司多莫斯集团也被迫终止在古巴的业务。[52]鲜有企业敢贸然违抗美国的制裁法案。

1996年7月10日，法案首批制裁下达。当日，美国国务院宣布，依照《赫尔姆斯－伯顿法》，加拿大采矿企业谢里特公司（主营业务为镍、钴、石油和煤炭开采）的高管，以及部分股东被美国列为“不受欢迎的人”。谢里特公司拒绝向美国屈服，而加拿大政府也暴怒，其中国际贸易部长阿瑟·埃格尔顿斥责《赫尔姆斯－伯顿法》违犯国际法以及美国两年前在签署《北美自由贸易协定》（美国、加拿大为当事国）时做出的承诺。《北美自由贸易协定》规定三国的企业、商家可以自由往来。[53]西班牙旅游经营商美利亚也同病相怜。美利亚和谢里特公司都顶住压力，决定继续留在古巴，谢里特公司表示对美国没兴趣，美国排斥其高管完全不影响公司在古巴的业务。以色列 BM 集团和巴拿马国际摩托也被美国盯上了。[54]

1997 年 4 月，西班牙商人哈维尔・费雷罗因涉嫌“与敌国进行贸易”在迈阿密被逮捕，美国的指控理由是“……向古巴贩卖尿布、蔬菜罐头、番茄酱……违犯了《赫尔姆斯 – 伯顿法》”。这位商人最后乖乖认罪，同时还供出了所在公司的一名高管，作为回报，美国检方放弃指控他涉嫌洗钱，哈维尔的刑期也从 18 个月降到 16 个月。[55]

美国政府的这些指控是很有威慑力的，这是在向所有不肯屈服的企业、商家发出警告：要么别跟古巴做生意，要么就乖乖地接受美国的制裁。不过有个例外，美国政府在赶走所有外国企业的同时，却批准美国电话电报公司在古巴开展业务，该公司每年都从古巴运营商处坐收数百万美元的盈利。

法国则不妥协。1997 年 4 月 25 日，法国与古巴签署了一项促进和维护双边投资的协议，颇有一丝挑衅意味，像是要以此刺激对古巴的投资。法国工业和邮电部长弗兰克・博罗特拉表示：“为了国际关系的平衡与多元化，法国国会一直对古巴开放……也正因如此，法国以及欧盟坚决反对美国出台的具有域外效力的法案，比如《赫尔姆斯 – 伯顿法》。”[56]“法古经济协议”是在双方企业平等的基础上达成的，协议规定了争议的解决方式，若双方争议经友好协商无法解决，可提交国际仲裁庭仲裁。最后古巴还承诺限制国有化，并对财产被征收或收归国有化的法国投资者进行补偿。[57]美国对法国的做法十分失望，并提醒法国政府三思，别忘了古巴的人权状况。

而法国这番举措是经过深思熟虑的，带有机会主义色彩。欧美签署终止世界贸易组织诉讼的协议并谈判后，欧盟获得了暂时从美国魔爪中脱逃的允诺，因此美国暂时不会对“法古经济协议”动手。法国就是基于这一点，在欧美协议达成后插了一脚。事实上美国也确实没有再多言。

法国全国雇主委员会[58]非常高兴，因为它对《赫尔姆斯－伯顿法》恨之入骨，称其“在政治上荒谬无比，法案中的规定也令人无法接受”[59]。委员会承诺巩固并加强法国企业在古巴的地位，从西班牙、意大利、德国手中夺回丢失的市场份额。总之，绝对不能任凭美国指手画脚了。这不仅是国与国之间的政治博弈，更是一场经济竞技。柏林墙已倒塌多年，当今的世界是经济全球化与竞争全球化的世界，欧美之间既是肝胆相照的老盟友，也是狭路相逢的竞争对手。

而另一家法国企业即将吞下这场竞争的苦果——法国保乐力加集团。1993 年，保乐力加与古巴政府合资设立了哈瓦那俱乐部国际公司，向全世界销售古巴朗姆酒品牌“哈瓦那俱乐部”的产品。签订合资协议之前，保乐力加的律师团队完成了他们的法律服务工作，并确认古巴已经提交哈瓦那俱乐部的商标申请。然而，美国却不这么认为。①几个月后，这家法古合资企业就被美国媒体抨击了，后者指责古巴多年来一直没有缴纳工业产权的

① 此处指美国酿酒业巨头百加得集团与古巴政府就哈瓦那俱乐部的商标问题产生争端，并且争端持续了多年。——译者注

续期费。于是,《赫尔姆斯－伯顿法》又“用心良苦”地加入了第 211 条。①尽管没有点名道姓地批评，但法案新添内容对保乐力加进行了直接性惩罚：法案禁止在美国境内使用哈瓦那俱乐部商标。专门负责海外经济制裁的执行监管机构美国财政部海外资产控制办公室认为，哈瓦那俱乐部商标被卡斯特罗政府收缴了，商标所有者为早年流亡美国和西班牙的阿雷切巴拉家族，而非古巴政府所有。保乐力加将百加得告上美国法庭，经历一审、上诉的曲折后，最终以败诉告终。在上诉阶段，还有一名法官以“法不溯及既往”这一根本原则，拒绝签署判决书。不过，2002 年，世界贸易组织在欧盟提起的诉讼中认定美国的《赫尔姆斯－伯顿法》法案中第 211 条款违法，但美国仍旧拒绝撤销第 211 条。[60] 保乐力加在本国最高法院也提起了诉讼，但同样败诉。实质上，就是竞争对手百加得一直在背后刁难保乐力加，[61] 百加得是美国朗姆酒市场的领跑者，它可不希望一家法国酒业的龙头企业进入美国市场与其分一杯羹。[62] 有趣的是,第 211 条经常被戏称为“百加得法案”，因为很多人怀疑第 211 条没准就是由百加得的律师团队起草的。[63]

① 这里指的是美国国会于 1998 年 10 月通过的第 211 条款，这一条款限制外国酒类公司在美国注册哈瓦那俱乐部商标。实际上，第 211 条款代表的是美国朗姆酒巨头百加得集团的利益，其不希望保乐力加进入美国与其抢占市场。——译者注

3. 超级贸易保护主义性质的法律“武器库”

美国《反海外腐败法》、《赫尔姆斯－伯顿法》和《达马托法》并不是仅有的影响全球贸易的美国法律。起初，立法者未必打算将它们应用于全球，但是法律中的一些条款使干涉外国企业事务——无论是被视为敌人还是盟友的国家的事务——成为可能。这些法律是在特定的经济和政治背景下通过的，大多数是新法，其余则为适应国际环境的需要进行了修改。其中的部分法律弥补了公司管理和市场监管方面的缺陷。失控的新自由主义会造成严重的经济和金融危机，进而使这些缺陷暴露出来。

2001—2002 年，美国境内发生了多起金融丑闻，[1]引起“美国立法者的激烈反应”[2]。2001 年安然公司的丑闻发生后，美国通过了《萨班斯－奥克斯利法案》（也称《公众公司会计改革和投资者保护法案》）。可以说，安然公司的丑闻是最轰动的财务操纵和欺诈案件之一。

法律成为打击犯罪和恐怖主义的地缘政治和经济战略的一部分。柏林墙倒塌、苏联解体后，克林顿政府希望通过围捕干扰市场良好运行的犯罪集团来捍卫全球化发展。2001 年，“9·11”恐怖袭击发生后，打击犯罪和恐怖主义成为优先实施的战略。《银行保密法》《外国主权豁免法》……这些针对犯罪和恐怖主义的法律将被用于打击腐败和追踪违犯禁运令的行为，同时也用以证明美国对全球市场的干预是正确之举。

《萨班斯－奥克斯利法案》：追踪企业账户

与《反海外腐败法》的情况一样，美国公司的低劣做法促使美国政府加强了监管。21 世纪初，安然、阿德菲亚、施乐、世通的经济丑闻接踵而至。经济历史学家亚当·图兹写道："华尔街正面临政治层面上的强硬与新规。"[3] 2002 年，美国国会通过了《萨班斯－奥克斯利法案》。这是自 20 世纪 30 年代经济危机以来，美国政府在金融安全领域推行的最重大的改革。

我们都记得，2001 年的安然事件是当时的头条新闻，这甚至是历史上最大的金融诈骗案之一。这家得克萨斯州公司，总部位于休斯敦，在开发州际天然气和电力业务之前，曾致力于天然气的生产与分销，之后又开展能源领域的代理业务。2001 年，安然公司在破产前夕，是象征着美国伟大民族自豪感的企业之一，其辉煌的成就使其成为华尔街的典范：根据世界 500 强排名，安然公司是当时世界第六大能源集团，是美国市值排名第七的大公司。

然而，坏的一面在暗处。安然公司的背后隐藏着一个巨大的骗局：安然公司的发展如同在流沙上建高楼。这家公司通过巴哈马、开曼群岛和百慕大群岛的 3 000 多家离岸企业隐藏其最棘手的业务，以掩盖采购交易中的借贷款项。安然公司一次又一次地耍花招，把最严重的风险转移到境外，隐瞒市场损失并伪造账户以继续贷款。2001 年 12 月，随着互联网泡沫破裂，安然公司股价暴跌。几周后，该公司便失去了 98%的市值，无力偿还之前的债务。同年 8 月，安然公司董事长肯尼斯·莱竞睁眼说瞎话，依旧坚称安然公司有市场吸引力，甚至大型投资银行高盛也对此深信不疑，认为安然公司首屈一指。10 月 31 日，美国证券交易委员会展开调查，随后发现了该公司的欺诈行为。不久，安然公司破产，轰然倒塌，并连累了著名的安达信会计师事务所，该事务所曾审核安然的账目并表示其合规可靠。

安然事件的影响程度巨大，其他公司的财务报表也因此受到质疑，质疑的理由很充分……这是一系列丑闻的序幕，高潮则是电信巨头世通公司的欺诈性破产。[4] 世通公司的审计事务所也是安达信。世通公司在 2002 年以 110 亿美元的完全虚拟收入操纵账户后申请破产。[5] 然而事实是，它有高达 410 亿美元的债务。世通公司的首席执行官和首席财务官也因此入狱：前者被判 25 年有期徒刑，后者则被判 5 年。

对安然公司来说，面对如此丑闻，两万名员工被迫下岗，数十万小额储户失去了投入安然股份的大部分退休金。美国民主党参议员、银行事务委员会主席保罗·萨班斯和共和党代表、金融业务委员会主席迈克·奥克斯利共同起草法案，迫使企业加强规章制度、提升问责制和财务透明度。该法案是少数规范企业会计事务的美国联邦法律之一。此前，企业一直参考私营机构财务会计准则委员会制定的准则。自《萨班斯－奥克斯利法案》颁布以来，公司必须明示身份：账户要经过验证，由首席执行官和首席财务官签名并注明日期；接受美国证券交易委员会至少 3 年一次的审核；公布资产负债表外的财务信息；信息归档；实时更换外聘审计人员；建立道德监督委员会；制定保护举报人机制；成立审计事务所监管组织“美国公众公司会计监督委员会”……所有在美国上市的公司，无论是美国本土企业还是外国企业，或者是美国公司的境外子公司，都要符合其要求。该法案让公司高度透明化，并允许审查及监督机构访问所有信息。这意味着，在美国开展业务，要不言自明地接受一切商业机密都受到美国政府支配的条件。[6]

《银行保密法》：弥补审查缺陷

如果说《萨班斯－奥克斯利法案》是为了追踪欺诈行为，那么《银行保密法》[7]则旨在围剿洗钱分子和恐怖主义赞助人。这项法律于 1970 年在美国通过，间接对国际上相当大的区域造成了影响。为防止发生疑似涉及洗钱行为的金融活动，《银行保密法》要求美国金融机构制订内部审查计划。这些合规[8]及尽职调查[9]的计划涉及位于美国的企业机构，也包括国民银行、分行、联邦基金、储蓄银行协会及在美外资银行。[10]结果是，美国银行要承担与其有业务往来的外国银行所犯的任何错误的相关责任，这要求机构制定相应程序以保证遵守《银行保密法》。如此一来，美国银行可以直接访问与其有业务往来的外国银行机构的数据。

英国汇丰集团成了美国《银行保密法》的牺牲品。2012年，美国司法部和财政部以违反美国制裁和违犯《银行保密法》的名义判处汇丰集团一次性缴纳罚款12.56亿美元（其中民事罚款为6.65亿美元）。美国法院指控汇丰集团及其美国子公司没有对其墨西哥子公司进行监管，后者因在墨西哥和哥伦比亚为贩毒集团洗钱，并因与美国实施了禁运令的国家（伊朗、苏丹、古巴和利比亚）交易而受到指控。因此，应由须遵守《银行保密法》的汇丰集团美国子公司监管其墨西哥子公司。此外，汇丰集团已承认尚未向美国子公司告知墨西哥子公司的过失。美国司法部提及一个又一个天文数字的交易金额：2006—2009年，汇丰集团的墨西哥及美国子公司都未验证近6 700亿美元的转账和94亿美元的采购；汇丰美国子公司甚至将墨西哥子公司归入风险最低的“标准”类别。[11]

这12.56亿美元仅仅是针对资助贩毒集团这一行为的罚款！与法国巴黎银行因以伊朗、古巴、缅甸和苏丹客户的名义通过美国汇款而遭到的约90亿美元罚款相比，这简直是九牛一毛——这些国家并不因在全球范围内贩卖可卡因而出名！

“9·11”事件发生后，美国加强了打击洗钱行为的力度。与《银行保密法》相同，《反海外腐败法》启动。美国总统乔治·沃克·布什于2001年10月26日签署了美国《爱国者法案》，其中部分条款使《反海外腐败法》的力度得到强化。《爱国者法案》的实质在于扩大安全、监视和情报部门的权力。该法律将追踪赃款作为保障国家安全、捍卫全球金融贸易体系的优先事项。[12]

《反犯罪组织侵蚀合法组织法》：反对全球欺诈行为

保护世界的同时也要防止自食其果——这是美国在“9·11”事件后的信条。没有恐怖分子,没有诈骗分子,没有腐败分子……甚至罪犯都不应在这个世界上有藏身之地。如果美国的盟友不做这项工作，那么就由美国来做。绝无例外。

世界足球的领导人得到了教训。多年来，国际足球联合会内部一直有关于欺诈和腐败的谣言，欧洲警方对此很了解但不作为。而美国联邦调查局则掌握了一切信息，并根据美国《反犯罪组织侵蚀合法组织法》采取了行动。2015 年，美国联邦调查局在瑞士苏黎世的国际足联总部逮捕了世界足球领导人（包括一名美国人）。被捕者在决定世界杯主办国——2018 年的俄罗斯和 2022 年的卡塔尔——时有权力寻租和腐败之嫌。美国曾被排除在 2022 年世界杯主办国候选名单外。有一点并不重要：美国《反犯罪组织侵蚀合法组织法》于 1970 年投票通过，旨在打击有组织犯罪。在美国司法部的眼中，“国际足联受贿门”事件足以证明足球国家出了问题，世界足球大佬的行为犹如“黑手党”。作为国际足联总部所在地，欧洲从来没有想要对此行为叫停。而美国则借助《反犯罪组织侵蚀合法组织法》清理门户，驱逐恶劣球员。

《外国主权豁免法》：打击曾经的罪犯

要警惕昨天、今天和明天的罪犯。美国法律有着域外效力和追溯力，这打破了法治国家的一条基本原则，即一个人或一个法人不能在受到先前准则保护的同时，受到新出台法律的约束。美国则打破了这一规则，其有权通过《外国主权豁免法》判决罪犯过去犯下的罪行。1976年通过的这部法律一度不承认深植国际法的重要准则——国家的司法豁免权。该法律允许提起针对国家的可能性诉讼。美国《外国主权豁免法》让申诉人对滔天罪行提起民事诉讼成为可能：实施酷刑、劫持人质、海上掠夺、法外处决……申诉人可以在美国以犯罪或同谋犯罪为名对某一国家提起诉讼。

该法案曾被认为可以用来反对独裁统治，但并非如此。法国曾受到《外国主权豁免法》制裁。2000年，作为国有企业的法国国营铁路公司受到美国指控，因为它曾在“二战”期间将纳粹野蛮行为的受害者运送到纳粹设立的死亡集中营。[13] 审判方还参考了一部1789年颁布的美国旧法——《外国人侵权索赔法》，该法允许境外人权被侵犯的受害者将其案件提交美国法院审理。

美国官员呼吁，只要法国国营铁路公司不赔偿受害者及其后代，就对其关闭美国的公共市场。[14] 法国政府积极寻求折中办法，而不是质疑诉讼的实质内容。2014年，法国政府与美国政府签署了一项协议，表示“双方希望本着友好合作的精神，进一步发展两国关系，并解决过去的一些困难”。[15] 这句漂亮的官话掩盖了法国政府的挫败。美国方面承诺不会起诉法国，并“在与大屠杀有关的驱逐要求方面，保证法国作为外国主权国家的豁免权”。[16]

法国设立了一项由美国政府管理的 6 000 万美元的基金。根据法令，该基金将发放给申诉人，并且须对“从法国驱逐出境的和不受法国相关计划保障的美籍大屠杀受害者”给予全额赔偿。这到底是一个公平的协议、有利的妥协，还是一个合法的勒索？仁者见仁，智者见智。协议签订仅 4 个月后，一家在芝加哥的法院就对法国国营铁路公司提起了诉讼。这一次，“受害者”指责该公司曾扣押甚至变卖被驱逐者的个人财产。[17]

法国为此支付了 6 000 万美元的支票以避免被起诉。伊朗和叙利亚的情况则并非如此。伊朗和叙利亚受为其“量身定制”的法案——2012 年《减少伊朗核威胁和保障叙利亚人权法案》管辖。这项法案不承认两国的司法豁免权，并准许美国政府冻结伊朗在美资产，甚至可以将其中一部分资产用于赔偿疑似由伊朗支持的恐怖袭击的受害者。因此，毛拉[①]存在美国银行的钱被用来赔偿 1983 年 10 月 23 日由伊朗负责的、针对驻扎在贝鲁特的美军总部的自杀式袭击的幸存者和受害者（240 人死亡）亲属。需要提及的是，就在同一天，在同一个城市——黎巴嫩正陷于全面内战中，另一场自杀式袭击造成 58 名法国伞兵在德拉卡尔营地死亡。但是，由于法国没有提起任何诉讼，受害者及其亲属没能从这笔在纽约登记的伊朗基金里获得一分钱，而法国也没有这样的法律。

德博拉·彼得森是 1983 年一名遭到袭击遇害的士兵的姐姐。

① 毛拉是伊斯兰国家（或地区）对人的一种敬称。——译者注

2003 年，她带领一群美国原告在纽约的一个法庭打响与伊朗的法律战争，并获得胜利。根据 4 年后的一项新判决，赔偿金额估计超过 26 亿美元。2008 年，原告了解到伊朗中央银行在纽约花旗银行设有账户，他们要求冻结一笔 17.5 亿美元的资金。但是，当时美国许多知名的法学专家认为，美国法律不足以冻结并向受害者分发这笔资金。因此，2015 年，美国国会将第 8772 节（“伊朗某些金融资产的利息”）条例添加到《减少伊朗核威胁和保障叙利亚人权法案》中，这也就允许了司法部门进行相关支付。伊朗中央银行对法律上的诡计提出抗议，但这是徒劳的——美国国会对该法律的干预超出了其宪法管辖范围，甚至改变了司法行动的方向。伊朗中央银行上诉美国最高法院，但上诉被驳回。根据 2016 年 4 月 20 日的判决，美国最高法院没有发现任何违反立法机构和司法机构分立原则的行为。[18]

《对恐怖主义资助者实行法律制裁法案》：震慑美国的盟友

对美国而言，反恐斗争没有国界。美国法律可以影响所有恐怖分子活动和躲藏的地方。这是 2016 年华盛顿在《对恐怖主义资助者实行法律制裁法案》投票期间发出的信息。对所有支持恐怖主义的人，以及所有因渎职未能阻止造成美国公民死亡的人都不会有任何怜悯。国家的司法豁免原则被扔到一边，该原则被认为是恐怖主义在美国国土上肆意蔓延的罪魁祸首。从此，所有国家都可能因管辖欠缺而被起诉。任何人、任何实体和任何国家——不仅仅是那些“支持恐怖主义”的国家，如果“向参与针对美国的恐怖主义活动的外国组织或个人提供直接或间接的物质支持”，都将受到美国联邦政府的起诉。

美国总统贝拉克·奥巴马并不想通过这部法案，因此他行使了否决权。但美国国会予以否决并颁布了该法案。事实上，《对恐怖主义资助者实行法律制裁法案》专门针对一个国家——沙特阿拉伯，这个美国在中东地区的盟友被强烈怀疑是伊斯兰恐怖分子（甚至被怀疑资助了恐怖运动）。回想一下，2001 年“9·11”事件中的 19 名恐怖分子中有 15 人是沙特公民。《对恐怖主义资助者实行法律制裁法案》允许“9·11”事件受害者亲属将沙特阿拉伯告上法庭。但沙特阿拉伯并不是该法案的唯一潜在目标。从理论上讲，该法案打破了所有国家的主权豁免权。试想一下，德国可能会因没有发现“9·11”恐怖袭击成员、汉堡大学毕业生穆罕默德·阿塔而被起诉。那法国呢？萨卡里亚斯·穆萨维是法国移民，被认为是该恐怖袭击的第 20 号成员，在攻击发生几周前在美国被捕，只因当时他在参加飞行培训？虽然袭击发生时穆萨维正被关押，但弗吉尼亚州联邦法院以参与策划“9·11”恐怖袭击事件将他定罪，判处无期徒刑（2006 年 5 月裁决）。未来，法国政府不得不密切关注境内 12 000 名激进分子，并阻止他们前往美国发动袭击。[19] 否则，法国很可能会被再次指控。如何应对这样的法律威胁呢？法国国民议会议员皮埃尔·勒鲁什和卡利娜·伯格有一个想法，那就是互惠：采取相同的立法。2016 年，他们为此签署了修正案，但其倡议没有得到回应。我们将在第 5 章中说到这两位民选代表就美国法律的域外法权所签署的议会报告。

美国人还是非美国人？被巧妙维护的界限

在美国有两类人（包括自然人和法人）受到域外法律的约束：美国人和非美国人。“人”（Person）可以表示个人、实体、企业或政府。“美国人”受到仅适用于美国公司的初级制裁，“非美国人”则受到针对外国公司的所谓次级制裁。接下来要定义“美国人”（US Persons）。理论上，要拥有美国国籍才是美国人，现实中却不仅如此，因为此类别还包括永久性外籍居民、受美国法律约束的实体及外国银行在美的分支机构。海外资产控制办公室是美国财政部的附属机构，负责确保制裁的恰当实施，同时规定境外的非美国金融机构不属于“美国人”范畴，前提是它们不会通过其在美国的子公司与禁运国家进行交易。这一范畴的精确度至关重要，因为它关乎美国政府是否有权起诉一家企业。以伊朗为例：尽管2015年7月14日签署了伊朗核协议（停止向伊朗军队提供浓缩铀以取消部分国际经济制裁），但大部分针对伊斯兰国家的制裁属于“美国人”范畴。[20]问题在于，“美国人”这一定义十分暧昧，以至于外国公司无法保证司法当局能找到其与“美国人”之间的一丝联系。自2018年5月8日起，定义上的模糊已消失不见：唐纳德·特朗普宣布美国退出2015年签署的《联合全面行动计划》（即伊朗核协议）。从此，任何与伊朗有往来的公司，无论是否属于“美国人”范畴，都面临着巨大的风险。

4. 是检察官的事，而非法官的

要评判美国域外管辖立法的是非，就一定要先明白一个简单但重要的事实：并不是司法在审判，而是体制在制裁。导致企业被判巨额罚款的过程是没有公正可言的，完全是检察官只手遮天。

美国司法体系（普通法）实行对抗制，而法国的民法或大陆法，实行纠问制。在普通法中，原告与被告在法官或是陪审团面前激烈辩护，美国法官扮演仲裁人的角色；而在大陆法系中，法官根据原被告双方呈递的证据以及他可以自由援引使用的证物来组织庭上辩论。美国法律的另一典型特征是其与真相的联系。在法国，被告为了维护自己的利益可以选择拒说实情："谎言是嫌疑人或正在被调查的人自卫的一项权利，这项权利受法律保护。而在英美法系中则会责罚他们，因为他们违背了开庭前立下的不可撒谎的誓言。"[1] 在美国，做假誓的人会被判处多年的监禁。因此跨国公司的高层领导人都深知对美国政府撒谎会使他们承担巨大风险。

理论上讲是这样。但实际上，在我们关注的国际经济案件中，美国司法体系只有在审判过程的最后，双方已经达成和解的情况下才会让法官发挥作用，诉讼已名存实亡。而这种协商性司法的关键就是要企业认罪。为了达到这一目的，检察官强制企业展开对其自身不利的内部调查。在美国法律中，认罪是一种司法传统，对双方来说，可以避免耗时冗长、费用昂贵的诉讼。[2] 在美国最高法院看来，"认罪不仅是承认已经犯下的罪行，也是被告认可某种未经诉讼而达成的判罚决定——放弃在法官或陪审团面前为自己辩护的权利”[3]。承认自己有罪这种做法在普通法中是具有法律效力的，因为它可以让检方和被告快速达成和解。结果就是，在美国，95% 的联邦案件都是以这种未经诉讼的认罪方式被解决的。[4]

因此我们可以明白，为什么在美国司法体系中没有一例我们关注的案件是通过庭审诉讼的方式被解决的，所有案件都是在美国司法机关执法者的办公室里被解决的，这就好比法国司法部在没有经过法官公正审判的情况下自行解决了与企业的各种争端。无论是西门子还是阿尔斯通，抑或是法国巴黎银行等，都没有在美国经历过正式的庭审。所有这些跨国公司都与一个或多个美国机构或机构负责人签署了协议，如美国司法部、纽约检察官、美国证券交易委员会和美国财政部海外资产控制办公室。[5]这些机构都是被检察官而非法官控制的。

因此在美国组织诉讼、制裁企业的都是这些检察官，也正是由于这个原因，在这些人面前呼吁公平公正是完全不现实的。既无陪审团又无法官，只有一个检察官或者市场监管机构的负责人。“对美国政府来说，”世达律师事务所前律师奥利维尔·布隆写道，“通过庭审证明大型跨国企业有罪需要经过大量的调查和证据分析，还不能确保将其定罪，而谋求涉事企业的合作，以便使其听凭自己摆布、接受调查，显然是一个更令人满意的做法，特别是这样做的代价也更小。”[6]

法官们只有在案件最后阶段，美国政府和企业已经快要达成协议的时候才会介入，在合意解决协议上加盖印章。就如同大家起的外号那样，这些橡皮图章法官往往不了解案情卷宗，不问任何问题，只负责盖章签字。“美国法官，”法学家让·普拉德尔写道，“事实上只负责名义上的监管。”[7]

慢慢地，一些法官开始自问他们的职权是什么，把章盖在金钱交易协议上就是真正的司法吗？当然不是。很多法官对他们的工作持有不同意见，并且越来越多地要求介入案件审理流程。曼哈顿法庭的联邦法官杰德·拉科夫就是反抗者之一。2011 年，美国证券交易委员会指控花旗银行在知情的情况下向投资者售卖有毒证券，而拉科夫阻止了它们之间的协议。这位法官表示，这种企业和检察官间的协议不能保证公平公正，他认为其中含有太多不透明和不能证实的因素。因此他大力呼吁司法应公正透明、维护大局利益和还原真相。[8] 对花旗银行的罚款为 2.85 亿美元，拉科夫认为，协议所要求的“既不合理、不公平、不充分，也不尊重公共利益”[9]。他对可证明花旗银行有罪的证据相当匮乏表示惊讶，总而言之，他拒绝再扮演只负责监管资金入账的角色，因此也没有签署协议。恼羞成怒的美国证券交易委员会将该案上诉至纽约州，终于得偿所愿，拉科夫法官迫于压力签署了协议。[10] 他的立场使他的一些同僚有所触动，但敢于做出改变的法官终究是极少数。然而，对于美国法治和美国政府审问方法的质疑却慢慢生根发芽。

美国政府的黑信

历史的开端总是惊人地相似。某天，一家外国企业的总裁及其理事会主席都收到了美国司法部、美国财政部海外资产控制办公室、美国证券交易委员会等美国监管机构的来信，指控该企业“疑似违犯了美国法律”。送信一方提出要涉事企业积极合作，否则就有面临美国法庭审判的风险。枪就顶在太阳穴上，企业只能选择合作。案件调查过程永远是既漫长又煎熬的，企业在数年间都因此而胆战心惊。更严重的是，该企业会被媒体大肆报道，严重影响其声誉。最终，也无疑是最坏的结果，如果企业拒绝合作，那么美国政府可以收回其在美国的营业许可。因此企业根本没的选，只能屈服于美国独断专行的法令。

另外，涉事企业对美国执法人员的恐惧已经到了无须寄信就自曝罪行的程度。2017 年，欧洲飞机制造商空中客车向英法执法机构缴纳了一笔数额巨大的罚款……以期逃过美国的重拳（空客案件在第 8 章中有详细介绍）。一般来说，企业会在受到警告以及经过内部听证会后，向政府监管机构申报贪腐行为，这种常规做法可以规范市场，揪出害群之马，也可以确保各项国家法规、国际条例以及各种职业准则在市场及给定地理区域中良好运转，维护重要客户的利益。

从内部听证会到内部调查

在大型企业中，内部听证会一般是由律师事务所组织的，通常是一家英美律师事务所。“要注意到，在巴黎，所有为英美律师事务所驻巴黎办事处工作的商业律师中，只有一小撮人是了解内情的，因为个中流程非常复杂。在听证会过程中，处处显示着合规原则和尽职调查原则。调查人员会细细梳理能帮助该企业赢得或保留市场的第三方。他们会尽可能深入地调查，直到确认某第三方与该企业成员无任何亲属或朋友关系。他们还要确认这些第三方是否有不诚信的前科或涉及某些可疑人员。他们也会调查第三方是不是听命于其客户，一旦证据被证实将对企业极为不利。在这种情况下，他们会强烈建议客户立刻中止各种商业往来，甚至关停各种转账交易。一旦美国司法部、英国欺诈重案办公室或法国国家金融检察院案头出现了类似证据，后果将是毁灭性的。”[11]

我们还是要回到主题上来。什么样的商业行为会被美国法律制裁，而什么样的则不会呢？美国人知道其中存在一个灰色地带，他们也利用了这一点。这使他们可以持续从多个角度向企业施压。因此，想了解法律的红线在哪里是极其困难的。

直到 2012 年，美国司法部依然拒绝公布法律所许可和禁止的各种详细指标。在这种情况下，企业要如何有效遵守各种市场准则呢？就连经济合作与发展组织在 2010 年都对此表示不满。以下内容是我们从美国牵头推行的经济合作与发展组织《反贿赂公约》的报告中读到的。“此外，调查组建议相关机构根据《反海外腐败法》整合概述并公开各种信息。”[12] 最终，两年后，2012 年 11 月，美国司法部和美国证券交易委员会同意发布它们的“大纲”——美国《〈反海外腐败法〉实施指南》，[13] 这一指南成为经济行为合规化的宝典。这份指南共有十章，旨在让企业有的放矢地遵循、践行各种国际公约（公司财务统计、人员培训、诉讼和判罚等）。

厘清框架并没有使情况改善多少，一些法律死角仍旧阴魂不散地困扰着企业。请人吃饭花多少钱就可以构成贿赂行为吗？是不是商人们在商业活动中接触任何人都要申报？怎样支出一笔开销才能算作合法？雇用客户的亲属实习是不是一种贿赂行为？诸如此类。

自亮身份不足以自证无辜。企业还应证明自己积极配合打击贪腐。就像在一段恋情中，只有经得起考验才是真爱。由此，美国司法部要求被监管企业向其提供符合市场规范的雇员的工作协议。如果该岗位由一位年薪 6 万欧元、与大老板无甚关系的中青年负责，司法部就会认为企业没有认真对待反贪腐问题。因此，该岗位一定要由资历深厚、薪水优渥，特别是经常与该企业最高层负责人有直接联系的人负责。

因此，组织内部听证会是为了确保企业雇员们严格遵守各项法规——企业也可以避免美国政府有机会渗透进来。即使听证会显示存在某些可疑行为，企业也可以及时做出反应而不必再遮遮掩掩。英美法系竭力推崇这种自我坦白式的做法，美国政府也鼓励企业这么做。内部听证会由此便发展成一场由相关执法机构敦促、监管的内部调查。

通常不利于被告企业的内部调查

在这一阶段的初期，企业应立刻采取一系列紧急措施：将其已进入美国司法机关雷达区的事实在内部（理事会和雇员等）通气，并与外界（合作伙伴、媒体和市场等）沟通联络；注意保留证物，并命令信息部主管停止企业某一个或多个数据终端自动的删除功能，这一常规功能本是为了防止硬盘过载。如果调查是因一位雇员而起，那么企业高层应该保证这位拉响警报者的身份不被泄露并承诺不对其施压。

即使企业落入美国政府的手中，它仍可以与美国政府商量调查的界限：哪个领域的市场、哪个国家、哪个时期，涉及哪些人、哪些数据、哪些文件、哪些电脑、哪些硬盘，等等。在美国法律中，腐败罪和违犯禁运罪的追诉时效为 5 年。然而，美国政府却毫不犹豫地要求企业调查近 6 年来的各种交易。“在这种情况下，”纽约和巴黎律师公会的律师苏菲·瑟姆拉解释说，“我会向我的客户们建议不要屈服，并向美国政府严正交涉追诉时效为 5 年而非 10 年。”[14]

当所有的问题都解决后，调查就开始了。这种调查正如律师奥利维尔·布隆指出的那样，是凌驾于企业权益之上的：“这是一个漫长又沉重的非正式合作的流程。它是保密的，而且会游离于法律的界限之外。”[15] 调查通常由一家英美律师事务所负责，如诺顿罗氏律师事务所、高伟绅律师事务所、休斯·哈伯德和里德律师事务所，这些顶级律师事务所都在巴黎和其他国家的首都设立了办事处，它们依托于一些专门通过电子渠道搜集信息的企业，又称“鉴识科学”。律师和咨询顾问的酬劳是由企业支付的。这一开销堪称数额巨大，可达数千万欧元，在一些大案，如法国巴黎银行、法国兴业银行、空客或阿尔斯通的案子中，甚至高达数亿欧元。

为什么总是由美国律所或者在美国分布极为广泛的英国律所负责调查呢？法国、德国、意大利等国家的律师在这方面不能胜任吗？这是由于美国政府只想和英美律所合作。这既是能力问题，也是信任问题。美国人生怕一位法国律师在为一家法国跨国企业服务时不能很好地履行它的职责，调查对其客户不利的种种证据。美国法律迫使企业对自己下手，就像奥利维尔·布隆律师提到的那样。[16] 这种做法在法国检察官或律师看来是十分奇怪的，而在美国检察官眼中，内部调查的目的并不是为企业辩护，恰恰相反，是为了推倒它。因此，美国域外管辖法律将律师置于一个极为尴尬的境地。显然，法国律师相比他们的美国同僚更难抵御这样的窘境。“在政府面前要装傻充愣，”一位在英美律所巴黎办事处工作的法国律师如是说，“还要向那些极其了解美国法律的律师学习借鉴。”[17] 这种把戏难道不是无视职业道德吗？

这些既不能彻底地扮演辩护者，也不能彻底地扮演起诉者的律师，只能依靠专业数据公司来搜集企业数据，以作为呈堂证供。成百上千封对涉事企业不利的邮件或者其他文件数据会被存储在一个特殊的终端。从理论上讲，这些终端设在欧洲，并且被认为是层层加密过的，只有英美律所巴黎办事处的律师和一些行政人员有密码可以登录。但如何保证这个路径和密码不会被泄露给纽约和华盛顿呢？在这个极为机密的巨大数据库的帮助下，律师们开始受美国政府之托，为后者起草一些报告。

律师转行检察官

当初期报告写完后，律师就开始进入谈话调查阶段。雇员会被传唤来回答一些问题。“在法律上，我没有任何权利来强迫一位雇员接受并重视这个谈话，”一位在巴黎工作的美国律师如是说，“但我敢肯定，他们的上司希望他们能够主动拒绝这种谈话。我的任务并不是整理出一份对他不利的卷宗，而是寻找事实并确认、交叉比对信息。”[18] 这是一项类似于记者或者警察的工作……

事实上，雇员们常常会有他们企业聘请的律师在刻意往对企业不利的方向调查的感觉。“和他们打交道那段日子真的很不舒服，”空客的一位女高管如是说，“我们感觉既孤立无援，又弱小无助，你花钱聘请的律师会把很久之前你们已经毫无记忆的邮件，扔到眼皮底下试图动摇你们。”[19] 这些往往被一些雇员定义为名副其实的讯问谈话通常是由美国律师来执行的。当这些司法人员不会说法语时，他们就会强制要求用英语对谈。经验表明，一位不能熟练掌握莎士比亚语言精妙之处的雇员，往往会被他们动摇意志。而这些讯问谈话必然没有翻译在场，情况会更加不利。

马克是空客的一位高层。他曾被英美律所的律师讯问过数次。“第一次是由三位来自休斯·哈伯德和里德律师事务所的律师执行的。他们的负责人是个美国人，希望用英语进行谈话。我可以讲一口流利的英语，但是在法国境内，我有权利要求讲法语。因此谈话就草草结束了，美国律师根本不会讲半个法语词。”[20] 最终他们配备翻译人员后，马克才同意进行另一场谈话。

企业和律师面对这样的问话都显得难以招架。所有人只能临场发挥，随机应变。一些雇员抱怨无权查看自己的谈话笔录。“我们确实不提供这些文件，我也从没让任何雇员查阅过。”这位美国大律所的律师确认道。英美律所巴黎办事处的另一位律师也表示：“我不会让雇员们在这些文件上签字。”

更令人大惊失色的是一位在美国律所伦敦办事处工作的法国律师所透露的情况。他曾参与法国巴黎银行的案子，每每回想起仍感觉心酸苦涩。“今日回想，我才意识到我们对雇员的确太过苛刻，没有意识到要保障他们的基本权益。我们曾一连两周持续多次问该银行瑞士分公司的一位雇员。我身边有一位美国律师，他只用英语提问。我们给翻译安排了座位。此前为了准备这一系列会谈，我们从十几年前的邮件和文件查起，仔细筛选。我们深知其中的一些文件会将该雇员置于险境。然而，我们从未向他提出可以让他的律师加入讯问的建议，也从没允许他查阅自己的谈话实录。我们清楚地知道我们这么做是对基本辩护权益的嘲弄。”[21]

然而，律师公会建议雇员重新审阅自己的谈话实录。一份讯问实录的立场并不是中立的。由于其中并没有什么职业机密，所以它有可能被作为呈堂证供，成为对该雇员不利的证据，更何况讯问还是用英语进行的，既没有让雇员重新审阅，也没有让他签字。“从律师公会理事会到律师公会成员，”一位英美律所前律师说道，“所有人都对这些行为心知肚明，但大家都视而不见。这就给我们声称捍卫法律制度的民主制造了很大挑战。”这种漠视的态度是不是与巴黎律师公会绝大部分分摊会费[22]来自英美律所有关系？

律师公会理事会还是注意到了这个问题，并开始在行业内部发声，它认为内部调查可能会成为律师工作的一部分。在2016年写进律师职业道德规范的“负责组织内部调查的律师必备”[23]的行业总规中规定：律师应“特别注意保持道德感、独立精神、人道主义、忠诚、体贴、知节、专业水平和谨慎态度；律师应注意不要对任何与其相处的人施加压力”。律师公会由此要求被讯问人有权利重新审阅他说过的话的逐字记录，并在同意的情况下签字。此外公会也不主张律师向“涉及法国或外国相关保密条例的被讯问人提供逐字记录的副本”。这里提到了“外国法律”，表明美国法律可以名正言顺地在法国境内实行。公会也重申被讯问人“可以在其听证前和过程中有需要时，申请有律师在场或者向律师咨询”。公会最终明确指出，负责内部调查的律师不能在一场针对其被讯问人的审讯会中代其出席。“这就是这个体系的漏洞，”这位律师愤怒地说，“我的同僚们根本忘记了他们的第一要务，那就是保护客户的利益。比起这个，他们更多的是以整治市场规则为由开出罚单并中饱私囊。这样运行的是商业而不是正义。”

在内部调查的整个过程中（根据企业的规模少则几月多则几年），律师们常常会拿了企业的钱，受它们之托向美国政府呈交报告，有些报告还有可能会被要求补充说明，在某些点上继续深入或在其他方向上深度挖掘。当调查受阻时，律师们就会将情况汇报给美国政府。美国政府会用十项标准来评估这份合规文件的质量，这十项标准也被称为“菲利普因子”[24]：违法行为的性质和严重性，该企业的前科，应受惩治行为的实施次数，企业配合调查的积极程度，整顿行为的落实效率，企业自我曝光其应受惩治行为的意愿，企业采取的整治这些行为的措施，对其股东和公众的可能惩罚的各种后果。

弱肉强食的合约

基于“菲利普因子”，检察官可以与企业高层达成和解。存在三种可能的协议。第一种是《认罪协议》，在这种协议中，企业承认其错误并承担遭受重罚的风险。当企业犯下的错误极其严重，或者美国司法部认为企业的配合态度恶劣时，企业就会受到重罚。因此法国巴黎银行和阿尔斯通（分别于 2014 年 6 月[25]和 2014 年 12 月[26]）签署了一份罚款数额巨大的《认罪协议》，但这至少保留了它们在美国市场的准入许可。更多时候，双方签署的是第二种协议——《延缓起诉协议》，它使双方对贿赂贪腐和违犯禁运令等行为心照不宣，因为违法行为并没有被定性。而企业会承认其行为违法（如实陈述），保证决不再犯，支付一笔数额不小的罚款并实施一些监管预防措施。德希尼布、阿尔卡特－朗讯分别于 2010 年 6 月 24 日和 2010 年 12 月 20 日签署了《延缓起诉协议》。最后是第三种协议——《不起诉协议》，美国司法部撤销对企业的起诉，但如果企业不遵守协议，司法部完全有可能在之后重新起诉。有时当美国司法部认为企业内部的反腐败程序无懈可击时也会放弃起诉。这也是为什么2012年美国银行摩根士丹利可以免于因在亚洲国家的贪腐行为而受到处罚。摩根士丹利银行没有被处罚，受罚的只是一个来自其新加坡分公司的高层。加思·彼得森在纽约布鲁克林法院供认贿赂亚洲国家官员、中饱私囊的行为。[27] 美国司法部随即表示该银行内部拥有有效的反腐机制，足以震慑图谋违法的雇员。

在前两种协议（《认罪协议》和《延缓起诉协议》）中，美国司法部常常不满足于只让企业支付罚款，还会强制指派监察员对企业进行全面监察。被司法部指派的监察员直接与企业高层接触，也因此可以接触到企业的各种文件，无论是无关紧要的，还是极为敏感机密的。这个监察员还可以讯问任何高层，他的职责是监视企业，确保其各项行为符合法律法规以及该企业不再有贪腐风险。该监察员要定期向美国政府提交报告，汇报公司账目情况。直到2000年以前，美国都强制安排美国国籍的人员承担这项工作。自2008年西门子事件后，外国政府的反对声越来越大，欧洲企业从此有机会指定本国国籍的人员对自己实施监察。阿尔卡特的案件就是由法国律师罗朗·科恩–达努奇负责监察的。他对美国法律的域外管辖权持赞成态度，曾发文表达观点。[28] 而在道达尔和德希尼布的案件中，则由泛欧证券交易所创始人让–弗朗索瓦·泰奥多尔负责监察。

公司监察员撰写的报告是极为全面的。监察员可以接触到企业的各种秘密，撰写出的报告包含不可估量的信息价值，可以使其竞争者大为受益。这些报告大多数是绝对保密的。为了防止泄露某些信息，法国司法部和经济部的工作人员会仔细阅读这些报告，以确认这些被送往国外的承载着重要经济信息的报告没有违犯法国法律，斟酌权衡这些可能极为致命的信息会不会揭露太多敏感问题。[29] 例如，参与午宴、晚宴的宾客名单及公司高层会见的客人，甚至是他们在法国或海外的差旅费用等。这些信息看上去无聊，实则对那些想要了解企业国际网络、破解其商业策略甚至了解企业研发计划及其下一步商业目标的人来说极为宝贵……时至今日，许多企业高层仍没有意识到问题的严重性，就如在本书第 5 章中我们将会提到的法国议会调查团所搜集的几位证人对于美国域外管辖法的证词。一些企业负责人表示，这些监察员的报告只提到了企业的整顿计划却绝口不提“具体行动”。[30]

2013—2015 年担任法国经济情报跨部委代表的克劳德·雷维尔却不这么看。她阅读了存放在法国中央预防腐败中心[31] 的企业监察员撰写的报告：“得知如此机密的信息被送往美国，我感到十分震惊。”[32] 由此，克劳德·雷维尔提出可以修改一些章节，描述一些其他的内容而避免将过于细节的内容写进报告。总而言之，她也算得上尽职尽责了。“我得告诫自己不是部门审查官。”这些建议被采纳了吗？她一无所知，因为这些建议一经提出就石沉大海、毫无回应。但同时她也表示，这些风险不容小觑：“一旦这些报告被用作证物，它们可以在收购项目启动前就大大削弱企业。”克劳德·雷维尔担心监察员过于殷勤，面面俱到地撰写报告。当一个律师在巴黎和纽约律师公会注册执业资格时，他总是会想着讨好美国政府。另外，监察员在书写报告时会得到一些专业人士的帮助（咨询顾问和律师等）。因此，他并非唯一有权限接触到这些企业敏感信息的人，这进一步加剧了信息泄露的风险。汇丰集团负责合规监管的前高管可以证实美国人对这些信息的关注："许多企业专家曾供职美国联邦调查局和中央情报局，这事想想就恐怖。"

《封锁法》：一部百无一用的法律！

法国于1968年投票通过的《封锁法》究竟是什么，它又是如何保护企业经济信息，使之不被外国当局窃取的呢？1980年，察觉到全球化前夕"经济战争风向"[33]的议员们修订了这部法律，这种风向也反映了当时西方世界与苏联的对峙，而在西方阵营内部，作为霸主的美国也和经济正在崛起的欧洲产生了分歧。

无论是企业还是国家，没人遵守这部法律。法律第一条明文规定："禁止任何法国公民或常居法国的人……以口头、书面或其他形式在任何场合向外国政府泄露可能会危害法国国家主权、国家安全及核心经济利益的经济、贸易、工业、金融及技术文件或信息……"而国际条约中并没有对此做相关规定。人们很难弄清违法的界限，因此所有人都对这部法律不屑一顾，包括美国政府、法国司法部和法国企业。

这部法律并非为了向企业负责人施压，而是为了给不想向外国泄露敏感信息的企业一块免死金牌。问题在于这部法律几乎没有被实行，因为它将企业置于一种极为尴尬的局面：虽然泄露信息会被法国法律制裁，但不泄露信息就会被驱逐出美国市场。孰轻孰重，高下立判。美国律所巴黎办事处的一位律师在 2007 年 12 月因要求法国保险公司 MAAF“向该企业理事会提供收购某家保险公司期间的决策信息”[34] 而被罚 1 万欧元。根据第一条第三款，另有四个小案子最终判决定案，这部法律主要打击搜集和泄露经济贸易、金融信息等行为。

这部法律收效甚微，美国政府根本没把它当真，认为这部法律并不能成为企业拒不提供所需信息的借口。[35] 美国最高法院也是这么认为的。在 1987 年提交的一份判决书中，最高法院证实这部法律极少被应用。[36] 在这种情况下，违犯美国法律比违犯这部法律要严重得多。因为违犯这部法律的后果微小到可以忽略：对违犯法律的自然人处以 6 个月监禁和 1.8 万欧元的罚款，对法人处以 9 万欧元的罚款。结果颇具讽刺意味的是，一项以法国人民的名义通过的法律要由美国政府和美国法官来决定其效力。

因此，企业的高层及其律师只能畏畏缩缩、不敢吭声。大多数情况下，即使冒着被企业雇员、工会和税务专员纠缠的风险，他们也宁愿听命于美国人。“我们只能想办法应付，”一位法国律师解释道，“我们小心翼翼地删去一些敏感的经济情报和人名，再把美国政府要求的文件交给他们。”[37] 同时，企业律师还帮助美国政府向法国司法机关撰写司法互助申请。为了让美国政府精准地得到它所需的信息，这种申请必须仔细斟酌。“即使我们向美国政府提出了很多建议，但是它有时仍会说问题描述得不够准确，或是法国政府不够合作。我们不敢拦截信息，否则美国方面就会晚收到信息，认为我们不够合作。”当提交给美国政府的申请报告撰写好、法国政府也批准后，法方警察也会进入企业调查信息，常常会有一位美国司法部的人和他们一起来。从这一步开始，各种情报就会被合法地输送给美国政府。

一项钳制企业言论的条款

让我们回到在内部调查期间，企业和美国政府签署的协议上。这是一份效力很强的协议，因此，无论如何企业都不能违约。此外，企业还会签署一份特殊协议，叫作“封口条款”，禁止企业在美国或外国法庭上否认协议的内容。企业高层也被知会要保持沉默，绝不可在公共场合批驳协议，严禁品评协议的任何内容，即使是在记者面前。企业无权在媒体面前以自己的立场陈述事实，否则美国企业就会打击报复。英国渣打银行董事长庄贝思就有过惨痛的教训。2013 年，他的银行因违犯美国对伊朗和利比亚的禁运令，被处以 3.27 亿美元罚款。2013 年 3 月 5 日，他对记者声称对这些所谓的违法行为的评估有误，银行并没有故意违犯美国法律。随即他就被美国检察官拘押，然后被要求撤回相关言论并公开道歉。[38]

与美国司法人员签订的协议具有很强的法律效力，它可以在之后的诉讼中被用作针对被告的物证。如实陈述可以被视作供认有罪，企业也不敢冒着激怒美国检察官的风险反驳这个协议，但它可以在庭审上以获取其“供状”这种极特殊的方式解除不利指控。企业也可以援引“一罪不二审”的原则，该原则禁止以相同行为对已经追究法律责任的再次起诉和审理。这是一个规则，却不是一条国际通用的法律，也就是说，这依旧取决于各个国家的态度。经济合作与发展组织在其《反贿赂公约》中特别指出了这一点。[39]第四条第三款建议各国协商，“以便决定哪一方最适宜组织诉讼”。欧盟法庭认为与美国政府签署的协议具有判决色彩，由此适用“一罪不二审”的原则。[40]然而，一个国家追究在其领土上有违法犯罪企业的行为天经地义，即使该企业与美国政府签署了协议。

美国宪法与域外管辖的对峙

就像大家之前看到的那样，美国域外管辖法律违背了国际法的某些原则。但它是否完全遵守了美国宪法呢？直到 21 世纪初，美国最高法院的一个法官写道，法院“一般会把模棱两可的法条以不会与其他国家发生不合理主权争端的方式解释出来。最高法院法官斯卡利亚表示，这个法律解释原则与‘国际礼让’原则有异曲同工之妙，这条国际礼让原则旨在倡导各国避免滥用本国法律追究身在本国境外的人或发生于本国境外的事，以便尊重他国主权”。[41] 2010 年美国最高法院正式提出，[42]如果立法者没有明确在法律中指出这一原则，那么就根据联邦法律实行“域外法权推定不适用”原则。美国司法机关对此漠不关心，它们认为当下与他国的主权摩擦早已是形势使然。

另外，美国宪法第五修正案赋予大陪审团起诉特权，禁止同罪多审及自我指控。“无论任何人，除非根据大陪审团的报告或起诉书，不受死罪或其他重罪的审判……任何人不得因故意犯罪行为而两次遭受生命或身体的危害；不得在任何刑事案件中被迫自证其罪……”面对如此众多的保护措施，美国司法机关都置若罔闻，因为上有政策下有对策：第五修正案不适用于与美国司法机关合作的企业。因此美国司法机关和企业间的调查便不再是针对企业的不利调查，而是双方间的合作。此外，最高法院把问题分成了多个方面：第五修正案——特别是反对强迫自证其罪原则，只适用于个人而非企业。“第五修正案，”1906年最高法院的法官写道，“保障个人民事权利，而非企业经济利益。”[43]

为了找出美国宪法与司法机关在实际执法中的分歧，需要一个勇敢的企业坚持诉讼，以便有机会在法庭上得到公平仲裁。司法机关在内部调查过程中有权向企业提出什么要求呢？而什么又是它们无权提出的呢？没有一个企业有胆量在法庭上公开要求其合法权益，而坚持诉讼却是了解美国政府是否滥用域外管辖概念违犯法律的唯一办法。

有一个值得企业借鉴的积极信号：2018年8月24日，美国巡回法院在“美国诉霍斯金斯案”中限制了《反海外腐败法》中的域外管辖权。[44]英国人劳伦斯·霍斯金斯是阿尔斯通英国公司前高管，因在印度尼西亚有贪腐行为被美国司法部起诉。在这个案子中，阿尔斯通于2014年被美国司法部判罚7.72亿美元。但企业中的一些高层仍处在美国司法机关的瞄准镜中。劳伦斯·霍斯金斯一审胜诉，巡回法院随后也确认了这一判决，理由是如果当局没有足够证据指认一个没有居住在美国的外国人在美国领土上有违犯《反海外腐败法》的行为，就不能以共谋的罪名追究他。巡回法院表示，劳伦斯·霍斯金斯的往来邮件和他签署的转账许可在这类经济案件中并不足以将其定罪。劳伦斯·霍斯金斯本人在事发期间并未踏入美国国土，也并未受到任何美国企业或美国企业的海外分公司之托，他的行为并不适用于《反海外腐败法》。这一判决表明了美国司法机关并不是无懈可击的。[45] 仍然需要关注美国最高法院在这一重要案件上的立场，因为它的判决最终决定了这件事情的走向。如果美国最高法院同意了巡回法院的判决操作，那么美国的域外管辖法或许能被遏制。

从一个公正完整的庭审过程可以得知，美国法律是否可以基于未在美国本土发生的行为对外国企业进行真正判罚。“如果没有法官的审判，”波肯律师事务所的律师费利克斯·德贝卢瓦和拉尔夫·穆加尼写道，“适用于域外管辖法律的判例，特别是在反腐败案件中，基本是不存在的。因此，美国在全球化经贸关系中得以称霸。”[46]

如果一个美国法庭接受企业或个人的诉讼请求，它也可以引用域外管辖法律中的各种理论进行裁决。但是这些理论真的恰如其分吗？外国企业在美国境外的贪腐行为是否与美国国土有直接联系呢？使用美元结算是否足以作为证据，以制裁与美国所列出的国家进行贸易的企业呢？是否应认同美元被美国赋予了国际管辖的权力？美元是否应该一统世界？只有法庭才可以回答这些问题，因为答案永远不会写在已经签署的协议里。这些协议常常是在内部调查中不公开、不透明地签署的。大家只看到协议中最微不足道的一部分，而这部分往往是罚款的数额。等到这些数额越滚越大，议员们总是会觉醒的。

5. 怒火中烧的法国议员

自 2008 年起，美国便不断出重拳打击多家欧洲企业。美国决心要严惩欧洲企业中的不法行为，绝不容许其盟国治下有一丝一毫的闪失，摆出对腐败和违犯禁运令零容忍的态度。欧洲企业承受的损失首先是经济层面的：21 世纪初便缴纳了几千万欧元的罚款，随后罚款数额以几亿欧元的数额不断增长，至 2014 年，欧洲企业缴纳的罚款已达数十亿欧元。一些企业在遭受美国政府打出的“夺命组合拳”后已无力重整河山、东山再起，它们别无选择，只能被竞争者收购，正如阿尔卡特、德希尼布和阿尔斯通所遭遇的那样。

对法国人来说，阿尔斯通事件莫过于晴天霹雳。2014 年，美国巨头通用电气收购了阿尔斯通旗下的能源业务，这让法国议会反对党议员群情激愤，他们呼吁成立委员会展开调查，弄清这一法国工业的核心企业为什么以及是如何被低价抛售的。最后，由于反对党议员缺乏弄清真相的决心和意愿，此事不了了之。

但并不是所有人都选择了沉默。议员皮埃尔·勒鲁什想要打破砂锅问到底，他怀疑法国的盟友美国另有企图。身为律师的勒鲁什，是坚定拥护大西洋主义的人民运动联盟党成员。他曾任欧洲事务部长，后在萨科齐总统内阁中担任对外贸易部长，是雷蒙·阿隆的得意门生，也是出了名的亲美派。他重新和戴高乐主义者建立联系，对他们的主张——尤其是法国奉行独立自主的外交政策这一点——逐渐认可。2016 年 2 月，皮埃尔·勒鲁什提出建立一个议会考察团，调查美国司法中的域外管辖问题。法国财政委员会委派社会党人卡利娜·伯格协助右派议员皮埃尔·勒鲁什展开调查。

“实话实说，”卡利娜·伯格解释说，“当时，我对这一问题一无所知。无论是我的社会党同僚还是我本人，都没有意识到美国法律对我国企业产生了怎样的影响。”[1] 此前，法国社会党从未关注过经济战争，更没有将其作为一个主要问题讨论过。在该党看来，捍卫企业不受外国势力打击，就是在维护老板的私人利益。社会党内部并没有察觉到世界范围内超级竞赛的隐藏博弈，谁也没看出某些国家的手段并不光明磊落，甚至是违法的。总之，对于法国社会党人来说，经济战争是个右派议题。“社会党从未关注过这个领域。”卡利娜·伯格惋惜道。

最初的几场听证会并未说服社会党议员。他们渐渐对此感到厌烦，看不出这个议会考察团的存在价值。而在考察团赴美后，事情出现了转机。渐渐地，考察团发现了美国是如何利用它的警察、检察官和市场监管机构维护其经济利益的。在与美国联邦调查局探员的会面中，勒鲁什和伯格第一次感到错愕不已：“当他们平静自若地告诉我们，他们可以监视全球任何一家企业时，皮埃尔·勒鲁什和我都惊呆了。他们甚至还说，没有法官的许可他们也可以这样做。只要该企业有一个莫须有的罪名或嫌疑，他们就可以使用各种入侵性技术手段展开调查。所获得的信息都可以当成呈堂证供。”美国联邦调查局探员还和两位法国议员说，无论是打击恐怖主义还是在经济领域搜集情报，联邦调查局都有相当多的手段。“我随即意识到，美国经济情报系统的核心就是在经济和工业领域组织间谍活动。”这正如美国证券交易委员会的所作所为。“它对美国利益的解读极端又具侵略性。只要和美国有一丝一毫的联系，它就可以名正言顺地调查你。”两位议员在美国证券交易委员会更是吃了闭门羹，这让他们感到惊愕不已。他们的线人也拒绝透露身份。毫无疑问，卡利娜·伯格原本并不认同勒鲁什的看法，因为她坚信是法国司法有漏洞。“我想把这位线人的原话清清楚楚地记录到报告中的想法把她吓坏了，她请求我们不要重新整理她说过的话。”当两位议员开始询问线人关于对伊朗的制裁问题时，紧张进一步升级。即便美国于 2015 年 7 月签署了制裁伊朗的国际协议，[2] 该线人却表示与伊朗进行贸易的欧洲企业并没有享受到应有的豁免权。“当我们说会把她提到的美国没有遵守这项国际协议如实写进报告时，她真的要被吓死了。”在“山姆大叔”国度进行了 72 小时的访问调查后，卡利娜·伯格对该问题的看法发生了巨大改变。“我才意识到，我们被卷入了一场无法无天的经济战争。”

回到巴黎后，卡利娜·伯格尝试说服大多数人行动起来，但并无成效，没有人愿意做出改变。更糟糕的是，大家怀疑她被勒鲁什洗脑转而维护资本家的利益了。当奥朗德政府中一位身居要职的部长听了她的观点后，多少说了句中肯的话：“这一切显然是极为复杂的！”而不愿行动起来的企业也是这个态度。所幸卡利娜·伯格和皮埃尔·勒鲁什的工作并非徒劳无功。议员在一个重要的节点做出了一些行动：将认罪程序引入法国司法体系，类似一种法式《延缓起诉协议》。这样做的目的就是击碎美国人的美梦，并明确地传达家丑不可外扬的立场。“这是向美国人示意法国司法体系并非摆设，它也可以行之有效地起诉被疑腐败的企业、打击其犯罪行为的唯一途径。”

勒鲁什和伯格的报告是一个标志性的事件，它意味着法国政治阶层开始意识到经济关系中的暴力与法国的假朋友的虚伪。皮埃尔·勒鲁什思虑，“这种境况对宏观经济有着毋庸置疑的影响……势必会使欧洲企业成为被调查的靶子，美国当局的某些做法实在是居心叵测”。[3] 美国的野心昭然若揭：国际法框架下的司法合法性，政治、经济、财政、外交博弈，司法分析，行政诉讼的创立，肆意插手干涉企业事务，法国和欧洲的反应，以及国际组织的居中斡旋。

重整旗鼓

议会考察团强调了要向美国政府表明立场的必要性，并提出三点主张：“向美国摆出一定的强硬姿态、尝试规避困难，以及寻求限制跨国合作中被强化了的域外管辖权。”[4] 不过仍要明确法国政府选择与美国合作的立场。法国高层领导人是不是觉得他们无力和美国抗争呢？

皮埃尔·勒鲁什和卡利娜·伯格并不赞同这一观点，他们认为和美国的合作并不能从根本上解决问题。他们主张对美国表现出一定的强硬姿态并提出反击计划：向国际商会提出起诉，并在法国本土也通过类似的域外管辖法案来武装自己。卡利娜·伯格和皮埃尔·勒鲁什的思路是“以其人之道，还治其人之身”。

两位议员在欧洲层面推广他们的主张。他们建议欧洲借鉴美国也成立类似美国财政部海外资产控制办公室的机构：负责起诉那些不遵守有关国际制裁的欧洲相关条例的企业。事实上，在比利时已经有一个欧盟反欺诈办公室，那么为什么不扩大它的管辖范围，赋予其经济制裁的职权呢？勒鲁什和伯格的报告还倡导要支持欧元，使其成为欧洲企业的参照货币以期躲避美国的管辖雷达。他们还提出了其他建议：加强法国在经济情报方面的搜集能力并让企业有权限得知相关信息。“我国必须拥有一些有效的经济情报工具，要有足够的武器来招架美国相关部门——考虑到它们的监控无处不在，以及能搜集到各种对企业极其不利的证据，至少我们要足以自保。”[5]

3 年后，法国议员纷纷被共同的顾虑困扰着。法国议会咨情代表团在 2018 年 4 月呈交的报告中，主张强化经济领域中的情报搜集方式，推动国家和区域各部门的协同合作，保护国家经济利益。[6] 参议员和国民议员对美国“从未在国际层面影响如此深远且旷日持久的经济捕猎”“甚至随着经济间谍的不断深入，美国攫取信息和战略数据的行为有愈演愈烈之势”感到担忧。他们也指出了来自美国司法的威胁。“很多国家尝试借鉴美国法律，立法打造真正的经济情报武器……特别是在治理腐败方面的法律，认为其具有借鉴意义……”[7]

最终，在勒鲁什和伯格的努力下，法国和欧洲分别将两部法律现代化，即1968年的《封锁法》[8]和1996年的《欧洲阻断法案》。1968年的《封锁法》已经在1980年进一步被强化完善，旨在规范法国境外的经济信息往来，该法律严格限制了公司监管者的职权，会严惩违者以使该法更有威慑力，堵住指责其没有约束力的美国检察官和法官的嘴。而1996年的《欧洲阻断法案》则旨在保护欧洲企业，使其不受美国检察官的各种指令的约束。皮埃尔·勒鲁什和卡利娜·伯格提出，要将其补充更新进1996年通过的美国各项域外管辖法律体系之中。

在他们发布报告的3年后，改变依旧乏善可陈，局势甚至有恶化趋向。法国尚未建立任何能钳制美国的机制，美国依旧可以为所欲为。在法国高层内部，这一话题是个禁忌，甚至被鄙视埋没。在法国经济部和外交部，大家都小心翼翼地回避公开指责美国盟友的所作所为，尤其是不能掀起轩然大波。大家闭目塞听，任凭风暴侵袭。而问题是，自特朗普总统上台以来，风暴变成了飓风，2018年5月8日，特朗普撕毁了伊朗核协议。道达尔、标致雪铁龙、雷诺、空客等60余家法国企业迫于美国的打击或反复打击的淫威，都得卷铺盖从伊朗撤出。

6. 法国司法体系的美国化

法国企业从伊朗撤出是在美国的严密监视之下进行的。近些年来，法国的司法体系已经被美国监控了。[1] 在美国眼中，法国司法制度中的反腐败条例是经济合作与发展组织成员中最为宽松的。自 1997 年经济合作与发展组织通过《反对在国际商务交易活动中行贿外国公职人员公约》以来，只有很少的法国企业因海外腐败被提起公诉。经济合作与发展组织关于法国的第三阶段报告显示，2000—2012 年仅有三起涉法的公开诉讼。[2] 这确实太少了，因涉嫌腐败被起诉的法国企业数量甚至用一只手就能数出来！这一系列事实在一定程度上都给美国加强对法国企业的监控提供了理由。法国一位法官、经济案件专家承认："法国在反腐领域确实落后美国很多年。"[3]

"石油换食品"丑闻就是体现法国司法部对涉嫌腐败的企业态度宽松的典型例子。"石油换食品"本是联合国在 1996—2003 年实施的一个人道主义计划，目的是使萨达姆统治下的伊拉克在国际经济制裁、物资禁运的背景下，通过出售石油购买食物来缓解伊拉克人民食不果腹的痛苦。而就在 2003 年美军入侵伊拉克之后，一些有关"石油换食品"计划的可疑文件被曝光，美联储[4] 前主席保罗·沃尔克开始调查有关企业和伊拉克政府之间的贿赂事件。这起调查揭露了一个庞大的贿赂体系，其中有伊拉克高层借此牟利，并最终为萨达姆在联合国的游说提供资金。沃尔克的调查报告指明，在 66 个国家中共有超过 2 200 家企业通过虚开发票的方式，使伊拉克政府最终获取数亿美元的现金回扣。许多政治人物，如法国前内政部长夏尔·帕卡以及知名企业道达尔纷纷成为调查对象，该调查还引发了法国国内的一起诉讼，但 2013 年法院宣判被告无罪。[5] 之后法国检方提起上诉，一些企业以及商人被判罚款，石油巨头道达尔被罚款 75 万欧元，涉案自然人被罚款 5 000 欧元。道达尔不服判决，上诉到法国最高法院，但于 2018 年 5 月败诉，罚款于是就这么落定了。对一家年利润达 90 亿欧元的跨国公司处以 75 万欧元的罚款，这无疑是荒谬的。而且，对公司高管几乎没有任何惩罚！更夸张的是，瑞士企业维多集团因贿赂被法国最高法院判决罚款 30 万欧元，而美国基于同样的事实对其罚款 1 750 万美元！在美国人眼中，法国这一处罚简直是在“过家家”。法国国家反腐局负责人夏尔·迪谢纳也认为：“法国确实没有做出足够的努力去追究和谴责那些腐败行为。”[6] 此后，法国不断增强本国反腐的法律武器库，2014 年国家金融检察院建立，2016 年《萨潘第二法案》出台并成立国家反腐局，随后的历史篇章会告诉美国人，法国人的反腐任务，不需要由美国人来做了。

法国反腐法案《萨潘第二法案》：法国开始向国际反腐标准看齐

《萨潘第二法案》是一部内容广泛、标题宏大的法案，旨在提高企业经营透明度、反腐败力度以及促进经济生活现代化。[7] 该法案是在美国的压力下投票通过的，似乎是对美国域外法权的某种回应。法国借此意图传递的一个明确态度是，法国人有能力制定自己的政策，美国当局须停止对法国企业“漫天要价”，如果法国企业的腐败属实，那么也应该由法国经济与财政部来收取罚款，轮不到美国插手。勒鲁什和伯格的报告指出，这个法案对企业所处罚款有着不可忽视的影响。举个例子，法国巴黎银行因被指控与被美国采取禁运措施的国家（如伊朗和苏丹）有私下往来而被美国司法部罚款，高达 89 亿美元的罚款从法国巴黎银行被提走并最终落入了美国政府之手，这笔罚款使法国 2014 年经常账户余额减少了 40 亿欧元。[8] 从整个欧洲范围来看，已经有超过 200 亿欧元的企业罚款落入了美国政府的账户。“这是对欧洲经济和欧洲人民生活水平的一笔巨大‘扣除’，并且没有任何补偿。”[9]

《萨潘第二法案》的目的也正是遏制这样严重的资金外流。依据法案规定，今后所有拥有 500 名以上员工且营业额超过 1 亿欧元的法国企业，都必须建立合规计划与合规程序，以便及时监测并降低企业腐败风险。法案也正好契合了法国企业海外子公司及分支机构的合规需要，因为这部法案对法国企业海外子公司同样适用。依照法案，违规的公司将面临高达 500 万欧元或者非法牟利所得 10 倍的罚款，并且判决生效后 5 年内不得进入欧盟公开市场，也不能获得国际大型资助机构，如世界银行的资助、贷款。违规企业高管则将面临最高 100 万欧元的罚款和最高 10 年的有期徒刑。

该法案第 17 条还规定，拥有 500 名以上员工的工商业公共机构的董事长及总经理有义务监督组织内部的 8 项合规措施与程序的执行：制定内部行为准则，明确界定可能引发腐败、权力寻租、权钱交易的行为类型，并予以制止；对员工进行反腐培训；对违反良好行为准则的人员进行惩处；建立内部举报机制，确保组织及时知悉违规行为，并完善对举报人的保护措施；建立不同地域、不同部门腐败风险的监测机制；建立对企业参与方（客户、供应商、分包商等）的评估程序；完善企业财务会计制度，确保财务账簿没有掩盖非法行为；对整体合规机制进行常态化评估。如果违反上述规定，企业高管可能受到 20 万欧元的行政处罚，企业则可能受到高达 100 万欧元的行政处罚。

另外，《萨潘第二法案》还建立起一个拥有建议、监管、处罚职能的专门反腐机构——法国国家反腐局，当然，其性质为行政机关。法国国家反腐局旨在确保企业尽职尽责地履行法律规定的义务，但无权直接制止腐败行为。法国国家反腐局的设立填补了企业反腐机构的法律空白，并且明确了其对法国腐败行为的监管权。法国国家反腐局负责人夏尔·迪谢纳谈道："有些国家利用其他国家监管制度的缺位，充当人道主义警察的角色去追究他国的腐败行为，事实上并非出于正义，更多的是开展不正当竞争。法国要表明自己并非其不正当行径的唯一受害者。"[10] 法国国家反腐局还应当负责跟踪、监督企业的合规计划，并且无论是由法国司法机关还是由国外有权机关任命的企业监管者，都应当受到国家反腐局的监督，今后法国国家反腐局还负责审阅监督员的报告，确认其生效，并确认报告不泄露敏感信息。

披着英美法系外衣的法国司法制度

《萨潘第二法案》的出台，是法国打击美国在全球商务领域发号施令的嚣张气焰的得力武器，但这种打击也让法国付出了高昂的代价：《萨潘第二法案》的威力受到减损。在法案的立法过程中，吸收了美国法律的立法模式，法国法律“英美化”了。一个最典型的例子就是《公共利益司法协议》，这是企业与司法机关之间的一种协定。[11]《公共利益司法协议》几乎是美国《延缓起诉协议》的翻版，为司法机关争取了时间，使其避免了冗长又昂贵的诉讼程序，及时减少违规企业因腐败、逃税行为带来的损失，而不必再等待司法审判的结果。对企业而言，《公共利益司法协议》可以让企业的形象不因诉讼的媒体曝光而受到致命打击。违规企业老实承认违规事实，并不代表认罪，这也就不会让企业留下刑事犯罪的记录。要知道，一旦企业认罪，法国国内外公开市场的大门就会对其关闭。而《公共利益司法协议》规定，违规企业只需缴纳近3年平均年营业额30%的罚款，以及向被害人支付经济补偿金。当然，该协议最终会要求违规企业完善合规计划，在3年内由法国国家反腐局予以监管。

《公共利益司法协议》出台后适用的第一起案例发生在2017年10月，不过案由是逃税而非腐败。涉案企业是英国汇丰集团的瑞士全资子公司汇丰私人银行。法国司法机关谴责其协助法国纳税人（2006—2007 年）隐匿在国外的财产，一位汇丰私人银行前员工持有的纳税人名单中记录了超过 89 000 个纳税人的名字，他们偷逃的税款总额超过 16 亿欧元，调查结束后，这个数字可能达到 60 亿欧元。

汇丰私人银行因为涉嫌非法开展银行、金融业务以及洗钱、逃税受到法国司法机关调查，根据司法机关的协议，“汇丰私人银行承认违法事实并接受资格刑”，[12] 汇丰集团也承认其对子公司监管不力。但法国司法机关认为，汇丰私人银行不够配合，并且从未检讨过自己的违法行为。于是，法国司法机关对公司做出《公共利益司法协议》项下最高额罚款，即公司 2014—2016 年 3 年营业总额（估值 5.26 亿欧元）的 30%，约 1.58 亿欧元，[13] 加上 1.42 亿欧元的损害赔偿金，公司罚款总额共计 3 亿欧元，这差不多是隐匿资产价值的 1/5 了。汇丰集团倒是顺利脱身了。无论如何，法国还是达到了它的目的，解决了法国企业腐败难题，只不过是采用美国模式。法学教授安托万·戈德梅阐述道：“这一切的目的就是遏制全球化金融经济犯罪，确立法国的国际信用，并在此基础上重建法国在这一领域的主导权。”[14]

而代价就是，法国法律在一定程度上已经“美国化”。某美国律师事务所的一位律师认为，“这是一个好消息，因为此协议为司法机关争取了时间，减少了法院的讼诉。而且，这样的协议应适用于所有的犯罪行为，而不仅是针对经济领域的犯罪，其实在美国，97% 的案子都没有进入司法程序”。[15]

第二部分

美国法律：无情的经济战武器

甚至连美国媒体都感到意外，在美国政府的围猎名单中，欧洲企业占了一半以上，而鲜少出现美国企业的身影，这格外令人生疑。难道我们可以从中推断出，美国企业比欧洲企业道德感更强吗？还是我们可以从中得出结论，是美国企业更加狡猾地避开了司法部门的雷达？或更有甚者，是美国司法部门发展了贸易保护主义，为了不干涉自家公司的生意而将注意力转移到其他国家？这些假设都有可能。这一部分我们来研究这些问题，以了解阿尔斯通、德希尼布、西门子（明天可能就轮到空中客车）等公司是否与美国竞争者受到同等的待遇。但有一点是肯定的，欧洲企业陷入困境令跨越国界的英美法系（主要是美国法律）大放异彩。它几乎垄断了这些商业贿赂案件的司法裁定权，而这会带来严重问题，包括内部调查中搜集到的数据的安全问题。

7. 在劫难逃的欧洲企业

从 1977 年开始陷入休眠状态的美国《反海外腐败法》在 2000 年突然被重启，用以打击欺诈、犯罪和恐怖集团。美国正在与恐怖主义斗争，它不希望赃钱被用来支持犯罪分子，更不用说极端暴力活动分子，所以它将采取更加严厉的打击手段。“在反腐败斗争以及更广泛地打击经济犯罪的过程中，我们发现其与以前打击黑手党和恐怖主义之间存在一些共同特征：在一定程度上体现了轻证据、重口供的倾向。”[1]

斯坦福大学法学院[2]提供了一组诉诸美国《反海外腐败法》的案例数据[3]：1999 年有 3 例，2001 年有 5 例，2006 年有 7 例，2007 年上升至 19 例[4]……1977—2016 年，美国政府共做出 478 项制裁，其中 138 项涉及非美国的个人及企业，包括 13 项对法国个人及企业的制裁。

2006 年 10 月，美国司法部和美国证券交易委员会首次制裁了在美国境外行贿的一家外国企业：挪威国家石油公司违犯美国《反海外腐败法》，在 2001—2002 年向一名伊朗代表行贿数百万美元（贿款总计 1 500 万，分 11 年付清），以换取其帮助公司获得未来的天然气合同，[5]当然都是油水特别足的合同。挪威国家石油公司既不承认也不否认事实，但同意支付 1 050 万美元罚款。两年后的 2008 年 12 月，德国西门子因使用行贿手段获取国际合同而被美国司法部和证券交易委员会处以 8 亿美元的罚款。高出

80倍！（顺便提一句，西门子因承认行贿，同时被德国司法部判处天价罚款。）

在浏览美国司法部的数据时，人们看到的是，欧洲企业不仅腐败至极，还违犯美国实施的禁运令。[6]它们在美国的制裁黑名单中高居榜首："1977—2014年，在美国以违犯《反海外腐败法》为由发起的公开调查中，有30%是针对外国企业的，而它们却支付了罚款总额的67%。"[7]甚至连美国媒体都对此感到十分意外。2012年，《纽约时报》的一篇文章揭露美国《反海外腐败法》为美国国库贡献了30多亿美元的收入。该报记者在文章开头指出，美国司法部制定的公司名单中存在一处异常："名单中鲜少出现美国公司的身影。"[8]实际上，仅有一家美国公司（凯洛格－布朗－路特公司，哈里伯顿的子公司）在2009年支付了5.79亿美元的罚款而位列处罚最重的公司榜单前十。[9]排在它前面的是西门子，在前一年支付了8亿美元罚款。事实胜于雄辩：被处罚的大多是欧洲企业，而且大部分是银行。2004—2014年，只有一家美国银行（摩根大通银行）被处以罚款，金额是8 800万美元！这与法国巴黎银行（90亿美元）、英国汇丰银行（19亿美元）、德国商业银行（15亿美元）、法国农业信贷银行（7.87亿美元）等因行贿、违犯禁运令或不遵守美国合规法律而被罚的金额相比，真是判若云泥。

致命的腐败

腐败的确存在，本书丝毫没有为此洗白的意思。美国政府的目标公司确实为了占领市场实施了贿赂行为。“我们别无选择。”一位曾在数家上市公司任职的前高管对此供认不讳。[10]他讲述了1900—2000年，他是如何通过向中间人提供贿款和其他服务拿下合同的。在亚洲、拉丁美洲和非洲，腐败是不可避免的，即使各国的公职人员都对受贿一事或多或少有些敏感。在他看来，古巴人的品德最高尚，因为他们从不收受回扣。而委内瑞拉人的表现最糟糕。“委内瑞拉总统查韦斯将公共部门和大型公司的领导班子全部换掉，问题在于他提拔的军人对这些职责一无所知。他们尸位素餐，只管收受贿赂。”我们的受访者不仅亲眼见过装满现金的行李箱，也目睹过各种灰色交易。为了混淆视听，大笔钱款通过数家银行的账户转移，而最常见的灰色交易是把外国高官的孩子接到巴黎或法国其他的大城市，由公司私下负责支付他们的学费和公寓租金。

回首往事，这位前上市公司高管扪心自问：“为了占有或者保住市场，我签过无数份文件。我的确冒了许多风险，但我当时年轻气盛，并不清楚自己在做什么。而如今了解风险太大，所以我不会重走老路了。”尽管如此，他还是认为“不能屈服于美国法律的要挟，要知道，美国的公司正在使用一套极其复杂的套路在暗地里做同样的事情”。他赞成与不对美国阿谀奉承的国家建立贸易关系。简单来说，必须见机行事。

“我没有犯过法国巴黎银行所犯的错误，在我看来，它的高管过于天真，换句话说就是愚蠢至极。为什么他们要继续使用美元与伊朗进行交易？比如，2013年我在向伊朗出售医疗器材时就避开了美国的司法雷达。我将产品运送到德黑兰，伊朗人免费提供石油给一家西班牙公司，然后这家西班牙公司再支付给我们与伊朗交易对等的价款。”

如今他还会进行这样的操作吗？不会。“美国人到处都有耳目，专门监视他们的外国竞争对手，从来不会针对本国公司。因此，美国人可以通过隐藏在避税天堂的公司，坦然自若地行贿或违犯禁运令。在这场游戏中，我们始终就是被愚弄的一方。”

西门子，美国司法部的第一个目标

西门子案标志着美国司法外交的转折点。“山姆大叔”借此机会郑重表明，它将毫不犹豫地诉诸法律武器来追捕和惩罚违反世界贸易规则的不法分子。西门子拥有超过 42 800 名雇员，业务遍及 190 个国家，将是一个完美的替罪羊，同时还能向世界传递一个信号。2006 年，美国司法部从德国媒体得知，德国司法部正在调查西门子在全球范围内的行贿案。美国司法部轻而易举地获得了这个案子的调查权。它召集西门子的高管，责令他们进行内部调查。尽管该案件与美国没有任何联系，而是涉及阿根廷、孟加拉、俄罗斯、伊拉克等国，尽管受到怀疑的西门子旗下子公司的注册地在孟加拉、阿根廷和委内瑞拉，未曾在纽约证券交易所上市，但这些都不重要。

美国司法部何以能够起诉西门子？有两个理由：第一，为了在美国市场上市，西门子曾向美国证券交易委员会提交股权证书

（美国存托凭证）；第二，几笔疑似行贿的款项通过美国境内的银行账户转移。西门子与美国的联系就此建立，美国司法部因此能够对其提出指控。西门子只需进行内部调查，自证其罪。它聘请纽约德普律师事务所和德勤会计师事务所在 34 个国家展开调查。它们严格审查了数以百万计的文件，同时无数详细的报告被送到美国司法部。美国司法部对彼此合作得天衣无缝感到很满意。[11]然而这并没有让它手下留情：西门子遭受了双重罚款，不仅分别向美国司法部和美国证券交易委员会支付了 4.5 亿美元和 3.5 亿美元罚款，而且还在 2008 年向德国政府缴纳了 5.96 亿欧元罚款。总计超 10 亿美元！显然，西门子没有享受到“一罪不二审”原则的待遇，因为同一事实而被处罚两次。这证明“一罪不二审”只是一项原则，而不是具有强制约束力的国际法。

阿尔卡特－朗讯：历经苦难的前法国电信设备巨头

阿尔卡特的前身是法国电力总公司，它经历过辉煌，也陷入过低谷。在 20 世纪八九十年代，阿尔卡特是全球电力设备行业的佼佼者（业务包括数字电话转换、海底电缆、移动网络、呼叫中心、卫星等）。该公司还在光学网络市场、DSL（数字用户线路）接入系统和路由器等方面处于世界领先地位。20 世纪 90 年代末，阿尔卡特的业务遍及 130 个国家，营业额高达几十亿欧元。然而之后，公司情况却急转直下。2000 年初，因经济形势变得更加严峻，阿尔卡特经营损失惨重（2002 年约为 50 亿欧元），被迫裁员 30 000 人。公司的解决办法就是，于 2006 年与美国朗讯公司“联姻”。这次合并得到了金融市场的积极响应。两家公司强强联手：阿尔卡特带来欧洲市场，而朗讯则能带来美国合同。合并后的新公司为全球重量级企业，其价值达到 210 亿欧元，并占领了 40% 的 DSL 接入系统市场份额。在将自己卖给美国伙伴之前，阿尔卡特谨慎地处理了敏感的业务部门：它将卫星和安保部门出售给泰雷兹集团，这些战略资产最后还是留在法国人手中。

但是这场“联姻”很短暂，两家公司的管理层无法达成一致意见，公司为此屡次受挫。阿尔卡特 – 朗讯没能守住原本的市场，更不用说占领新的市场了。接踵而来的就是裁员、缩小公司规模。这次合并最后以失败告终。与此同时，阿尔卡特从 2006 年开始在法律纠纷中苦苦挣扎。

美国司法部和美国证券交易委员会开始调查阿尔卡特于 2001—2006 年在哥斯达黎加、洪都拉斯、中国台湾和马来西亚行贿一事。2007 年，在迈阿密被捕的阿尔卡特前高管承认向哥斯达黎加的国有公司领导行贿，因此被判处 30 个月的监禁。他的认罪行为有助于美国司法部起诉其前雇主阿尔卡特。阿尔卡特在 2010 年支付 1.37 亿美元罚款以终结此案：分别向美国司法部和美国证券交易委员会支付 9 200 万美元和 4 500 万美元罚款。[12] 5 年后，阿尔卡特 – 朗讯被芬兰诺基亚公司收购。第二年，公司被巴黎证券交易所除名，阿尔卡特 – 朗讯不复存在。

被政府放弃的阿尔斯通变成美国企业

2010 年，美国人发出了警告：美国司法部提起一项针对法国阿尔斯通的诉讼。美国人认为阿尔斯通的腐败行为让人忍无可忍。阿尔斯通行贿多年，导致多场官司缠身，但却没有任何改变。2004 年，阿尔斯通因向公职人员行贿而被墨西哥法院判处数千万美元的罚款，而且在两年之内不能参与竞标政府合同。2008 年，意大利也做出了同样的判决。2011 年，瑞士法院认定阿尔斯通在突尼斯、拉脱维亚和马来西亚有腐败行为以及对有影响力的人行贿，判处阿尔斯通支付 4 000 多万欧元的罚款。殷勤的瑞士人知道美国人也对阿尔斯通案件感兴趣，于是将阿尔斯通的全部案卷移送给美国司法部，帮助美国完善了公开的案件资料。

2010 年，柏珂龙已经担任了 7 年阿尔斯通首席执行官。前阿尔斯通电网公司的法务总监皮埃尔·拉波特声称，柏珂龙非常清楚公司内部存在腐败，但糟糕的是他早已对此习以为常。“其实柏珂龙在 2003 年入职阿尔斯通的时候就发现了公司的腐败行为，但是他既不知道如何纠正，也不愿意与之斗争。恰恰相反，他给腐败披上合法的外衣，使腐败呈现普遍化趋势。此外，美国司法部在其 2014 年 12 月 22 日的决定中合理地指出，阿尔斯通在事发时和美国司法部做出决定时（2014 年 12 月）都没有合规部门和有效的合规计划。实际上，合规计划根本没什么效果，纯粹是虚构的幻想。布鲁诺·维戈涅先生将会向您解释，我们已经做了相关努力，但是仍不能阻止腐败继续横行。这个案子里最令人烦恼的是，我们在努力使腐败合法化的同时，还要处理针对这样一套普遍且成体系的腐败系统提起的诉讼。”[13]可以说，美国人总有理由找阿尔斯通的麻烦，要求公司进行内部调查。阿尔斯通将这项任务委托给了温斯顿·斯特朗律师事务所。该律师事务所得出的结论令人沮丧，它证实了公司管理层的行贿行为。柏珂龙一下子慌了，他断绝了与温斯顿·斯特朗律师事务所的来往，解雇了公司的法务总监弗雷德·艾因宾德，并“从背后踹了他一脚”[14]，因为弗雷德·艾因宾德竟敢建议与美国司法部进行广泛的合作。随后，凯斯·卡尔取代了他的位置。

柏珂龙认为自己已经处理妥当，终结了行贿案，无惧美国的威胁，然而麻烦却接踵而至。2012年，阿尔斯通涉嫌在赞比亚和斯洛文尼亚行贿。国际金融机构开始认真考虑阿尔斯通领导人的职业道德。世界银行将阿尔斯通从其招标名单中剔除。次年，公司11名高管因涉嫌在圣保罗地铁建设项目中行贿和洗钱，而被巴西司法部门调查。2014年，英国人又因突尼斯、波兰、印度的市场异样开始监视阿尔斯通。至于法国的司法部门，因无所作为而显得有些格格不入。2012年，经济合作与发展组织在其反腐败报告中对此颇有怨言，指责法国司法部门的滞后，甚至是无动于衷。[15]

阿尔斯通已经被逼到了角落，而美国却在2013年继续进攻。美国司法部这次将目光放在印度尼西亚。阿尔斯通的一名高管被官方委员会指控向一名政客行贿30万美元，以赢得发电厂的建设项目。印度尼西亚警方搜查了阿尔斯通在当地的办公室，并获取了数位公司领导人签署的敏感文件。他们其中有一位付出了惨痛的代价，即弗雷德里克·皮耶鲁齐，阿尔斯通锅炉部门的全球负责人。

尽管接二连三地受到指控，柏珂龙始终拒绝美国司法部提出的协议：阿尔斯通承认行贿事实，认罪，支付罚款，然后结案。结果就是美国人继续展开他们的调查，对数位阿尔斯通高管提起刑事诉讼。

恐慌逐渐在公司总部蔓延。公司内部警告可能成为美国司法部目标的大约 50 名高管尽量不要出国。美国人的手到底能伸多远？答案很快揭晓。2013 年 4 月，弗雷德里克·皮耶鲁齐在纽约肯尼迪国际机场被逮捕，之后被关押在一座高度警戒的看守所里。美国政府没有善罢甘休，继续逮捕了 4 名阿尔斯通高管，并希望将其他人也一同抓捕入狱。[16] 美国政府甚至提出要阿尔斯通缴纳 10 亿美元罚款。这种大放血对公司来说是致命的。而且，公司没有准备足够的资金以应对这种法律事故。总之，阿尔斯通这次难逃美国人的魔爪。

甚至有谣言声称，柏珂龙一旦踏足美国领土，就会有牢狱之灾。毕竟，他身为大老板，理应为公司员工的行为负责。尽管多次被媒体和议员质问此事，但他总是否认，并有条不紊地一一击破谣言。直到 2018 年 4 月，面对负责审查法国工业政策的调查委员会，他声称：“我从未受到过压力，也从未受到过法律方面的敲诈勒索，无论是来自美国，还是来自其他任何司法管辖区。”[17] 但是阿尔斯通电网公司前法务总监不这么认为。皮埃尔·

拉波特相信，美国政府的确威胁了柏珂龙。证据就是阿尔斯通法务总监凯斯·卡尔在与美国司法部会面的第二天透露给他的：美国司法部威胁要将柏珂龙与他送进监狱。柏珂龙说的是真相吗？对国会的调查委员会来说，这就是一个“明显虚假的防卫机制”。[18]对了，为什么阿尔斯通的首席执行官要定期前往美国呢？

当弗雷德里克·皮耶鲁齐在监狱中苦苦等待的时候[19]——他当时正处于判决前被羁押的阶段——柏珂龙通过极为秘密的谈判交涉将该公司的能源部门（阿尔斯通电力）出售给了美国通用电气。美国对他的这一决定可谓欢迎之至。特别是，阿尔斯通最终与美国司法部进行了全面合作。美国司法部的所有要求都得到了满足。美国政府的胃口是如此之大，以至于阿尔斯通不得不专门设置一个部门，负责响应美国政府对信息的需求。

2014 年 4 月 23 日，当柏珂龙和美国通用电气首席执行官杰夫·伊梅尔特在美国共同讨论出售阿尔斯通的最后细节时，阿尔斯通亚洲分部高级副总裁劳伦斯·霍斯金斯在美属维尔京群岛被捕。在被移交至美国前，他在监狱被关押了几个月，然后被保释。同一天，彭博社发布了一篇报道，披露了两位首席执行官之间的谈判。媒体立刻前赴后继地跟进。泄密是由美国人一手造成的吗？是通用电气想对柏珂龙施加压力吗？还是如同记者让-米歇尔·卡特伯恩所称的那样，[20]消息直接来自美国司法部？

在巴黎，时任经济部长阿尔诺·蒙特伯格怒火中烧。他是通过新闻报道才知道法国的工业明珠将落入美国人之手的。怎么可以这样？几个月来，传闻甚嚣尘上，但是每当他向柏珂龙问及这件事时，都遭到了柏珂龙的否认。这位部长在国民议会上嘲讽道："难道应该在这些大企业高管的办公室里都装上一个麦克风吗？"蒙特伯格深感自己被背叛了。他谴责这一行动，拒绝让柏珂龙随心所欲地行事。但是他又能做些什么呢？毕竟法国政府并不是阿尔斯通的股东。这位情绪激动的部长可谓孤掌难鸣。爱丽舍宫已经沦陷了，并没有人真正想要阻止这次收购。甚至，有些人似乎还希望促成这笔交易。2012 年，时任总统府副秘书长马克龙通过法国国有股份委员会要求美国科尔尼管理咨询公司对阿尔斯通主要股东布依格集团退出的后果，以及"与通用电气进行和解的可行性"进行研究。[21] 简而言之，在国家的最高层面，这笔交易覆水难收。但经济部长对此似乎并不知情。

蒙特伯格不愿认输，亮出了自己的武器。2014 年 5 月 14 日，他颁布了一项法令，后来被称为"蒙特伯格法令"，扩大了外国投资者进入法国时须经国家预先审查的经济部门的范围。[22] 表面上看，这一法令将阿尔斯通置于国家的监管范围内。部长认为，通过迫使阿尔斯通和西门子、三菱组成三家合资企业（涉及电网、水电和核电站涡轮机业务），能完美解决这个问题。但这其实只是给公众看的幌子，用以掩盖他的失败。2015 年 8 月 25 日，阿尔诺·蒙特伯格卸任；27 日，马克龙接替了他的职位。12 月 19 日，阿尔斯通股东大会召开时，搭好的戏台上却演起了另外一出戏：通用电气持有三家能源合资企业的多数股份。美国人将负责领导两个最具战略意义的部门：金融和运营。而法国人被局限在技术部门中。曾被戴高乐视若珍宝的法国核能独立至此画上了句号。涡轮机的制造是法国核电站运行中不可或缺的一环，而现在落入了美国人之手。[23]

阿尔斯通电力部不复存在。法国国民议会调查委员会的报告指出："虽然腐败不是导致阿尔斯通能源部门被接管的唯一原因，但它通过削弱和破坏集团的稳定，发挥了重要的影响。它使阿尔斯通成为其竞争对手容易捕获的猎物。"[24]阿尔斯通只保留了铁路部门……至少是在 2017 年 9 月被西门子收购之前。在诞生近 80 年之后，阿尔斯通失去了它的灵魂。

法国人还咽下了最后的苦果：与通用电气和阿尔斯通之间的最初协议相反，美国司法部的罚款（超过 7 亿欧元）并不是由美国人支付的，而是法国人支付的。[25]

是美国人策划了这一切吗？通用电气和美国司法部之间是否有共谋？两者是否共同行动，以使前者获得法国的技术？没有证据表明存在这种联系。但是,有一些围绕美国所采取手段的讨论。应当注意，有 30 多名美国前司法部雇员在通用电气工作，这有助于消息的流通。此外，通用电气似乎为收购阿尔斯通准备了很长时间，其战略恰好基于阿尔斯通遇到的法律困境。皮埃尔·拉波特在加入阿尔斯通之前，曾在通用电气"健康"分公司的法务部门任职。拉波特解释道，通用电气正在系统地监控世界各地的腐败情况。他甚至回忆说，在与通用电气法务总监及员工举行会议时，有人说："有反腐败斗争的加持，让阿尔斯通和西门子屈服大概只需要 10 年的时间。"[26]

此案发生 4 年后，法国议员们确信，罚款对于向美国出售阿尔斯通的决定造成了影响。“即使这可能不是决定性的因素——根本原因还是经济压力。但是很明显，这项罚款差不多花掉了公司一半的现金……这加速了柏珂龙先生的决策。”[27]议员奥利维尔·马莱克斯表示。在雅克·希拉克总统时期负责经济情报工作的高级官员阿兰·朱耶则称：“这是美国人的一次伟大和巧妙的行动。”他补充道：“天真的时代已经结束了。法国精英们必须觉醒，才能避免丧失我们的经济主权。”[28]

饱受创纪录罚款折磨的法国巴黎银行

失去阿尔斯通并不是法国政府唯一关心的问题。在经济战的前线，法国的银行正在遭受重创。其中一家将要支付破纪录罚款的银行是法国巴黎银行。但在研究这一案例之前，让我们先看看其他银行是如何与美国政府打交道的。

2014年3月，有媒体宣布，美国政府对三家法国银行很感兴趣：法国巴黎银行、法国兴业银行和法国农业信贷银行。[29]这些银行被怀疑涉嫌洗钱及违犯了美国对某些国家的禁运令，如苏丹、伊朗和古巴。这一次，不止一家，而是三家美国机构开始了行动——美国财政部海外资产控制办公室、美国司法部和纽约金融服务署。美国人成群结队地出动，各家银行将面临惨重的损失。

法国兴业银行还被指控在伦敦银行同业拆借利率[30]上弄虚作假。在2007—2008年金融危机后，银行担心，如果公开其以高于竞争对手的利率借入款项，将会产生“污名化”效应，令银行变得更加脆弱并令市场对其产生怀疑。法国兴业银行也同样存在此类风险，因此，该行与其他银行一样，每天报告相同的银行同业拆借利率。

出于上述原因，美国和欧洲政府对所有涉嫌操纵银行同业拆借利率的银行处以超过90亿美元的罚款：瑞士银行、荷兰合作银行、苏格兰皇家银行、法国兴业银行、花旗银行、摩根大通银行、巴克莱银行、德意志银行……法国兴业银行针对4.5亿美元的罚款进行了谈判，并确信这个案件已经了结。但它错了。2017年8月，案件出现反转，美国司法系统起诉这家法国银行的两名高管操纵银行同业拆借利率。[31] 双方就新的罚款数额最终达成一致时，美国方面却出现了阻力，华盛顿召回了谈判首脑。被起诉的不是无足轻重的小人物，而是整个部门的二号人物。在法国兴业银行总部，人们感到非常惊诧。银行首席执行官弗雷德里克·吴棣言要求律师拯救他认定的接班人，但这是不可能完成的任务。美国人毫不妥协，要求吴棣言的副手必须离开。2018年3月，这件事以法国兴业银行执行总经理迪迪埃·瓦莱被迫离职而告终。

让我们回顾一下违犯禁运令的指控：2014年2月，在媒体披露美国追诉的一个月前，当时的法国第一大银行法国巴黎银行专门拨款7.98亿欧元，以支付可能被美国判处的罚款。这一数额是根据两年前美国政府处罚英国渣打银行时做出的6.5亿美元罚款预估的，渣打银行当时也面临同样的指控。

虽然有法国律师和美国律师的协助，但法国巴黎银行并没有意识到事情的严重性。参与此案件的一位律师告诉我："那时，银行的管理层根本不知道会发生什么。他们以为美国人会冷静下来，只需要 6 亿 ~10 亿欧元的罚款就能把事情摆平。唉，他们错了，美国人可不是那么想的。阿尔斯通不过是一场热身赛，法国巴黎银行收到的账单将是他们预想的 8 倍！”[32]

银行被指控的罪名究竟是什么？与被美国列入黑名单的国家进行了美元交易。一位前银行高管表示：“最高层负责人甚至不知道银行与伊朗和古巴进行了美元交易。批准这些交易的往往是第二层级，甚至第三层级的管理人员，他们考虑的是不要扰乱层级结构。”[33]

但是，并非完全没有预警，只是最高层的领导人不想听罢了。只要观察一下美国人是如何对付其他欧洲银行的就足够了。例如，荷兰银行曾在 2005 年因为与被美国禁运的国家进行贸易往来被处罚。自那一年起，法国巴黎银行的工作人员开始关注此事，并要求高伟绅、世达和佳利三家律师事务所开展新的风险评估。2004 年的首次评估中，佳利律师事务所曾得出结论称没有风险。佳利的一名律师回忆道：“法国巴黎银行的部分负责人向我们隐瞒了某些信息，这影响了我们的分析和建议。”[34] 而在新的评估开展后，银行的所有法律顾问都认为风险已经变得非常严峻。

特别是，银行的某些业务极度不透明，尤其是能源商品出口项目。2000 年 5 月，法国百利银行被收购后落入了法国巴黎银行的口袋。历史悠久的法国百利银行诞生于 1872 年，在 20 世纪 90 年代中期向安哥拉出售武器的交易中曾发挥过重要作用。法国百利银行有一家瑞士子公司，其客户和经纪商的实力并不透明。但对法国巴黎银行的高管来说，这并不重要，重要的是这家子公司的利润极其丰厚。

突然有一天，危险来袭。在银行内部，综合监管部门提醒管理层注意瑞士子公司的业务。长达 70 页的报告提到“法律环境变得更为紧迫”，以及“与美国禁运令有关的形象和法律风险已暴露出来”。[35] 这时已经是 2006 年。法国巴黎银行知道将会发生什么，但是，它并没有采取任何严肃的行动使其业务符合美国法律的要求。直到美国财政部副部长斯图尔特·利维对它发出警告，银行还是没有任何动作。

8 年过去了，来自美国方面的压力越来越大，迫使法国巴黎银行的律师加强了内部调查。美国人要求分析银行的数十万份数据、电子邮件、内部和外部文件……与员工进行的访谈揭示了问题的严重性。有些人对企业感到沮丧,陷入巨大的苦闷之中。没有什么能够阻止美国司法部门——它们需要更多的信息、数据和报告。

为何美国司法部可以要求法国巴黎银行提交如此之多的文件呢？这就是所谓的“证据开示”程序。在美国，如同大多数采用普通法的国家（即英美法系国家）一样，参与法律诉讼的当事人必须提供他们拥有的所有证据，即使这些证据涉及商业机密。[36] 为了避免泄露机密信息（专利、专有技术、生产工艺等),《海牙公约》[37] 组织各国通过国际调查委托书获取经济和商业信息。但对急于取证的美国人来说，这一程序耗时太长（9 个月至 1 年）。此外，美国司法部的权力有时也会凌驾于法律之上。一位直接证人回忆道：“在与美国司法部进行的电话会议上，信息都是以非法方式传递的。”法律障碍被人为地跨越了，却没有人感到不安。法国巴黎银行逐渐发现，事态的严峻性令自己难以承受。

银行别无选择。一位法国巴黎银行的律师表示：“这是一个非常完善和有效的系统，没有任何理由让它消失。”[38] 在开出创造历史纪录的 90 亿美元支票前，法国巴黎银行向美国人提供了所有敏感信息。它不得不在它的美国分支机构中接纳一位企业监察员，纽约联邦检察官顾问席拉·内曼。如此，华盛顿才能放心。

为什么惩罚会如此重？毕竟，联合国、世界贸易组织、货币基金组织或其他国际机构都不曾禁止法国巴黎银行所从事的此类交易。那么，仅仅为了美国眼中的“犯罪行为”，就要支付一笔天文数字的罚款，这公平吗？

被美国的弱小对手吞食的德希尼布

法国巴黎银行支付了创纪录的罚款；阿尔斯通向美国政府支付了一大笔钱；德希尼布也将支付大笔罚款，并且和阿尔斯通一样，它也将被一家美国公司收购。法国能源领域的巨头包括道达尔和德希尼布，前者从事石油工业，而后者主要经营石油相关工业，它们是法国能源领域顶级的工业企业。如今，只有道达尔还属于法国。德希尼布于 2016 年被美国美信达公司收购。它的总部从法国搬往英国，作为美国和法国之间的一个中立选择。这仅仅是一个地理上的小细节，因为事实上，公司已经由美国经理人掌舵。法国人就此告别了这家由法国石油研究院于 1958 年创立的公司。法国石油研究院（2010 年更名为法国石油与新能源研究院）是法国石油行业的中坚力量，于第一次世界大战后成立——“一战”期间，石油在协约国取得胜利的过程中发挥了关键作用。该研究院的职能是发展法国的石油工业。1943 年，一项法律授权它设立公司以开展具体行动，于是，德希尼布公司诞生了。德希尼布主要负责石油和天然气项目的工程合同和建设，很快，它就扩张到了法国之外，特别是进入了亚洲和非洲市场。20 世纪 70 年代，该公司已经拥有世界级的规模，并收购了全球范围内的其他同类业务公司（斯卑西姆、KTI、荷兰动力技术国际公司、克莱布斯）。德希尼布的规模和市场使其有能力与该行业的巨头竞争。2000 年，它成为全球排名前五的公司之一，在液化气和可再生能源领域颇具竞争力。2012 年，该公司赢得了一份大订单，在英国海岸建造了一百余台海上风力涡轮机。

德希尼布的麻烦始于 2010 年，那时它进入了美国司法部和美国证券交易委员会的瞄准镜。该公司被怀疑于 1995—2004 年在尼日利亚伯尼岛建造液化天然气工厂的一项合同中存在腐败行为。德希尼布并不是唯一的目标，腐败分子总是成群结队地行动。德希尼布与美国凯洛格 - 布朗 - 路特公司、意大利埃尼公司和日本日挥株式会社结盟。德希尼布拥有这个名为 TSKJ[39] 的联营企业 25% 的股份，合同标的额达 60 亿美元。罗伯特 · 库萨米在美国证券交易委员会的一份公告中指出，[40] 四家公司共同建立了一套运转极其流畅的制度，贿赂尼日利亚官员。在所谓的“文化委员会”内部，四家公司的领导人共同讨论应当向哪些人行贿，应当如何分配金额。共计有超过 1.8 亿美元的资金通过一家日本贸易公司落入尼日利亚高级官员和政府成员的口袋。尼日利亚距离美国颇为遥远，但 2001—2007 年，德希尼布有在纽约证券交易所上市的证券。因此，它属于美国《反海外腐败法》规制的对象。

美国政府和德希尼布通过休斯·哈伯德和里德律师事务所达成了一项协议。德希尼布既不承认也不否认指控，而是签署了《延缓起诉协议》，并被处以共计 3.38 亿美元的罚款，其中 2.4 亿美元缴纳给美国财政部，0.98 亿美元缴纳给美国证券交易委员会。这一数额低于对凯洛格 – 布朗 – 路特公司的 4.02 亿美元罚款。最终，美国证券交易委员会决定派出一名企业监察员对德希尼布进行监督，期限为两年。这家元气大伤的法国公司艰难地试图重整旗鼓。在接受美国处罚 6 年后，德希尼布被其规模较小的竞争对手——美国美信达公司收购。就像阿尔斯通的命运一样，它也改旗易帜，变为了一家美国企业。

8. 空中客车，美国检察官的下一目标?

2016年春，欧洲飞机制造商空中客车集团陷入动荡。空客集团首席执行官托马斯·恩德斯决定自保，主动向英国出口融资部承认：公司在若干出口合同中忘记提及一些中间人。这是他两年前要求法务总监约翰·哈里森进行内部审计后得出的结论。在托马斯·恩德斯管理欧洲宇航防务集团（当时是空客公司的母公司）的防务部门时，就与约翰·哈里森共事。2003—2007年，约翰·哈里森先在欧洲宇航防务集团的防务部门工作，之后在德希尼布负责管理法国石油业务与美国司法部门的关系，以处理腐败案件。德希尼布于2016年被美国美信达公司收购（见第7章）。2015年春天，托马斯·恩德斯邀请约翰·哈里森回到集团担任首席法律顾问（等同于秘书长），负责业务合规事宜。但是，恩德斯为哈里森与董事会搭建起直接联系后，意味着恩德斯将无法完全掌握主动权。这简直是严重失误。

2016年春天，恩德斯和哈里森主动打开了潘多拉魔盒。他们的证词酿成了大祸——英国欺诈重案办公室和法国金融检察官办公室分别在2016年7月和2017年3月展开调查，要求两人说出空客集团的商业办法。对该集团而言，这次的对手难以应付，因为英国欺诈重案办公室“寸步不让”的强硬态度可是出了名的。

现任英国欺诈重案办公室主任莉萨·奥索斯基是位经验老到的反腐专家。这位拥有英美双重国籍的英国人，已在美国联邦调查局和司法部从事了30年的反腐工作。她先后为高盛集团私人银行业务部的经济情报部门和化险咨询公司（英美系的经济情报事务所）效力，之后她担任Exiger（从事监管、风险管理及合规业务的公司）伦敦区的调查部门主任。如今她接受了英国欺诈重案办公室主任的职位，对她来说，处理空客事件这类商业腐败案件已经轻车熟路。

恩德斯和哈里森究竟向法国和英国当局披露了什么？那就是一部分帮助空客集团赢得合同但在声明中未被提及的中间人（诉讼参与者、顾问甚至是翻译）的名字。英国法律强制该公司无条件和盘托出。然而，似乎空客集团的销售及市场结构部门遗漏了一些名字，而托马斯·恩德斯对此视若无睹，甚至称其为“谣言的发源地”。这很严重吗？未必。除非这些遗漏的名字被用来掩盖贿赂行为。

恩德斯和哈里森因为如实供认，俨然成了完美的“道德楷模”？他们或许是预感到自己的公司已经成为美国司法部的目标，所以只能采取积极主动的态度。与其把命运交到美国司法部手中，不如交给英法的司法机构裁决。事实可能正是如此，毕竟恩德斯这位德国籍主管经验丰富、老谋深算。2017年10月14日，《世界报》证实了这一说法，指出此策略可以应对美国竞争对手的攻击。据记者玛丽–贝娅特丽丝·博代、多米尼克·加卢瓦及克洛艾·埃伯哈特所说，这家欧洲飞机制造商实际上是由波音公司发动的经济战争的受害者。[1]

当时，波音公司这家芝加哥巨头强烈反对美国国会的政治决定，因为美国国会决定关闭美国进出口银行。这一美国官方出口信贷机构在销售方面为波音提供了约 15%的财务支持。换言之，该机构为美国飞机制造商的客户提供担保和保险，以便它们最终可以获得订购飞机的订单。该决定重重打击了波音公司，因为该决定一旦被执行，波音将丢失相当一部分市场份额。所以波音只得一面讨好美国国会，一面防止外国竞争者乘虚而入。那么，该如何削弱空中客车呢?

根据《世界报》的报道，美国情报机构就空客在中东的业务，以及 2017 年 2 月该集团将防务电子业务出售给美国投资基金 KKR 集团而提起诉讼，目的是找欧洲飞机制造商的麻烦，阻碍其抢占美国市场。这份指控文件随后被移交美国司法部，该部门对空客发出怀疑警告。为应对威胁，空客找到了唯一可能的防御方式：采取“不打自招”的办法，在美国展开行动前，主动向英法两国提供信息。

然而，面对法国最高领导层，恩德斯—哈里森二人组的策略并未奏效。案件由法国总统府秘书长亚历克西·科勒直接跟进。法国总统府方面对空客向英国泄露如此大量的信息，而没有援引阻断法令难以理解。因为根据阻断法令，本国企业是不能向国外的有权机关泄露经济情报的。空客高管回应：当前形势已不可能使用阻断法令；最保险的方式是向英国欺诈重案办公室“自首”，以规避美国司法部的盘查。一方面，法国行政部门表示无能为力，因为只有公司自身可以援引该法令。但另一方面，这阻止不了法国司法部门对不遵守法令的企业秋后算账。

正如法国前总统希拉克喜欢说的那样，“麻烦总是接二连三地出现”。不光英法两国对空客感兴趣，奥地利国防部也起诉了这家飞机制造商，德国检察官办公室[2]正在调查2003年空客向奥地利出售15架欧洲台风战斗机（价值17亿欧元）一事。当时，托马斯·恩德斯领导欧洲宇航防务集团（2014年更名为空中客车集团，2017年更名为空中客车）的防务部门。奥地利政府怀疑存在幕后交易。2018年2月初，慕尼黑检察官办公室做出排除贿赂嫌疑的决定，但指责空客向中间人支付8 000万欧元时缺乏警惕和监管，因为这笔款项的支付竟然没有任何记录在册的给付凭证。该飞机制造商最终缴纳了8 100万欧元的罚款，德国司法部对此前种种也一笔勾销。目前，奥地利法院尚未对此案做出裁决。

空中客车除了摊上了上述麻烦外，还深陷“哈萨克斯坦门”事件。这是法国金融检察官办公室以“贿赂外国公职人员、滥用公共资产、藏匿并洗白通过此罪获得的赃钱”为由预审的案件。据称，空客花费了数百万欧元，用于贿赂哈萨克斯坦总理，从而于2010—2011年，向哈萨克斯坦出售45架EC145直升机（通过其子公司欧洲直升机公司）和两颗卫星。该集团还因涉嫌在马里的科杰朗金矿破产案中“欺诈和违反信托约定”而被预审法庭调查。空客可能正是通过将非法隐匿的资金用于投资马里的金矿，来为获得向马里提供军事装备的大合同增添筹码的。此外，马里政府拥有该矿20%的股份，该矿的大股东也与政府联系密切。

托马斯·恩德斯的底牌

无论是法国政府、德国政府还是空客总部，都在思考一些问题——托马斯·恩德斯的策略是什么？他对未来几年公司的看法是什么？他打算将欧洲飞机制造商打造成什么？一位高管表示："可以肯定的是，他想摆脱航空航天和军事部门。"[3]另一位高管则好奇，托马斯·恩德斯是不是打算将空客与美国航空航天巨头合并？[4]恩德斯被认为是亲大西洋主义者，实际上他并不亲法。如果从他解雇的法国人数量来看，他甚至可能讨厌法国人。这些岗位被德国人、英国人甚至美国人取代。托马斯·恩德斯的做法使德国总理府和法国总统府焦虑。因此，这位即将离职的空客首席执行官正被密切监视，他绝无可能连任。2018 年 10 月，继任者的名字被公布：空中客车直升机公司的前任主管纪尧姆·福里。

恩德斯将公司最具战略意义的首席技术官的位置交给了一个美国人。2016 年 6 月，保罗·埃雷门科加入空客，他曾担任谷歌汽车公司的高管，也曾是摩托罗拉和五角大楼研究中心——国防部高级研究计划局的官员。在恩德斯眼中，埃雷门科代表了公司的未来，他是那个可以将公司变成"航空行业的谷歌"的人。然而恩德斯和他的追随者认为，保罗·埃雷门科不会在这个职位上坐太久：他于 2017 年 12 月突然卸任，官方表示，这与其专业能力无关。那是出于什么原因呢？据传言，可能是因为其在公司外的不当行为。

区区几个月，保罗·埃雷门科就足以使空客陷入混乱。他认为公司文化过于老派，同时他还破坏团队氛围、扰乱工作规律。他关闭了空客位于叙雷讷的研发中心，迫使在那里工作的500名员工（主要是工程师）搬迁。不管怎样，他的离职对于那些不认可他的管理方式的高管来说是一大幸事。然而，对托马斯·恩德斯来说却是一大损失。保罗·埃雷门科加入了联合技术公司——世界领先的航空航天设备供应商，同时也是空客的分包商。空客只希望埃雷门科不会向新的美国雇主泄露敏感信息。然而，似乎空客公司里没人想过让他签下一份竞业禁止协议！

因此，托马斯·恩德斯四面楚歌，以至于坚信有“黑暗势力”想置他于死地。但现实平淡无奇，法国和德国都不再信任他。他到底为谁卖命？当然不是接连遭到解雇的法国人。

毫无疑问，对于空客的部分法德高管来说，托马斯·恩德斯是美国的“走狗”。一位财务部门的经理说：“他与美国联系密切。他是一个纯粹的亲大西洋主义分子。他只有一个目的：绝不做令美国人不悦的事，因为他想要投身美国。”[5]像阿尔斯通前首席执行官柏珂龙一样，恩德斯真的是美国阵营的吗？这是否是因为美国手里有对恩德斯不利的信息，特别是2003年空客向奥地利出售战斗机涉赚贪腐的情报？

“我是亲大西洋分子吗？这真愚蠢。”2017年10月接受《世界报》采访时托马斯·恩德斯辩解道。[6]事实上，他确定是。他曾让五角大楼的前官员负责集团的技术部门，他向与美国情报部门有往来的帕兰提尔科技公司提供了空客的数字化技术，他常将英法两国要求的内部调查委托给英美律师事务所（休斯·哈伯德和里德律师事务所、高伟绅律师事务所等），他要求美国经济情报公司法证风险联盟负责搜查员工的电脑，他一度被认为是美国人放在欧洲航空航天行业顶尖企业的“特洛伊木马”。此外，他在加利福尼亚大学洛杉矶分校受过教育，他是彼尔德伯格集团（西方精英会议）的一员，他加入了大西洋大桥协会——德美超自由主义协会，他甚至争做美国的战士。

这些都是令埃马纽埃尔·马克龙总统及总统府团队严重担忧的因素。因此，2017年秋季，“抛弃士兵恩德斯”行动开始！但仍然需要找到他以及空客公司董事会主席丹尼斯·兰克的继任者。政治精英们也认为后者力不能支。最后，法国人纪尧姆·福里登场。

空客的法务总监约翰·哈里森可能会因大规模清理门户而愤懑，毕竟他是恩德斯最忠诚的伙伴。哈里森是英国人，“其风格不如美国人”，空客的一名常见到他的员工说道。[7]哈里森出了名地雄心勃勃。该员工随后表示：“工作中他随心所欲，被权力冲昏头脑，周围人思忖他会不会幻想着登上公司的权力巅峰。”哈里森知道如何与最好的律师事务所合作：休斯·哈伯德和里德、高伟绅（职业生涯初期他曾在该事务所工作）和德杰。据英国《卫报》报道，德杰的律师尼尔·杰勒德与英国欺诈重案办公室关系密切。[8]仅在2016年，哈里森付给豪华律师团队的佣金就超过6 000万欧元。此外，约翰·哈里森有时会忘记什么是利益冲突：他曾委托前合作伙伴法证风险联盟如今服务的公司，负责恢复空客内部调查所需的计算机数据。

空中客车：危险动荡？

托马斯·恩德斯和搭档约翰·哈里森的行为是否将空客暴露在危险当中？包括销售部门在内的约60名高管已离职或即将离职，集团领导班子分崩离析。空客“飞机”上还有“飞行员”吗？近几个月来，许多高管相继离职：二号人物法布里斯·布雷吉耶、首席战略官马尔万·拉胡德、集团的首席技术官保罗·埃雷门科、首席商务官约翰·莱希、在位不满8个月的新晋运营官埃里克·舒尔茨[9]、工程总监夏尔·尚皮翁、项目总监迪迪埃·埃夫拉尔、首席运营官汤姆·威廉斯、首席财务官哈拉尔德·威廉。对于一家跨国公司来说，这是从未料到的重创，而且很难及时止损。空客防务部门的一名高管感慨道：“当团队连掌舵人都没有的时候，该怎么鼓舞士气？”[10]另外，负责飞机实地销售的团队也纷纷离开。即便他们值得信赖，空客还是切断了与世界各地中间人的往来，这是搬起石头砸自己的脚。倘若没有多年苦心经营的人脉网络，公司就会耳聋眼瞎、愚不可及。该公司在部分国家的代理机构也开始抗议。英法两国的司法机构要求对其展开内部调查，空客也因此在律师的建议下停止向代理机构支付酬劳。代理机构非常愤怒。空客防务部门的一名高管惋惜道：“他们不仅通过起诉索赔，有些人甚至正在与我们作对，打算将我们排挤出市场。在一些国家，我们成了不受欢迎的人。”[11]

这造成了空客的内部恐慌，然而订单量依然很多。按飞机定价计算，未来 10 年的营业额估计为 1 万亿欧元。空客有足够多的时间重塑其商业力量。销售团队的一位成员说：“的确如此，但这只有在未来 10 年全球经济持续增长且不会出现重大危机的情况下才能实现。”[12] 一旦出现新的金融动荡，一些客户便会放弃他们的订单，因为他们没有能力将其兑现。一位业内人士分析，空客在某种程度已经到了生死存亡的关头，它现在甚至不堪一击。[13] 空客的两个项目已遭受打击：A400M 军用飞机和 A380 大型喷气式飞机。因此，空客的商业成功基本上要靠 A320 飞机。但谁喜欢把所有鸡蛋都放在同一个篮子里呢？美国的波音，甚至是行业新贵——中国或俄罗斯的公司，都可以通过打造具有竞争力的模型让空客项目的成功变得岌岌可危。在这种情况下，空客能否实现劫后余生变得不那么确定。这位专家补充说：“我不能肯定托马斯·恩德斯完全意识到了这种风险。”2018 年春，危机初现端倪。为应对两个项目上遇到的困难，空客废除了 3 700 个岗位，其中有 400 个在法国。[14]

目前进行的英法调查肯定无法解决问题。美国人正伺机而动，他们甚至在 2017 年 10 月建立了一份档案，引用了《国际武器贸易条例》，允许他们授权（或不授权）一国向另一国销售和出口至少包含一种美国零件的武器系统。空客承认，没有向美国国务院提供向外国出售欧洲战斗机和卡萨运输机的所有相关信息。结果是，空客受到了来自美国方面的惩罚。如果美国认为英法的制裁不痛不痒，那么它就会亲自出马。此外，2018 年 12 月，美国司法部针对空客公司在亚洲市场，特别是在马来西亚的腐败问题上提起法律诉讼。[15] 美国调查员反馈的空客业务相关信息可能派上了用场。

飞机制造商受到高度监视

2017 年 1 月，一家法国的经济情报公司接受了一项特殊任务：对“哈萨克斯坦门”事件的信息环境进行监控。一切进展顺利。一名男子向这家法企提出该任务，同时坦陈他不是真正的资助人，而且无法提供客户的名字。但是，一个错误转发的电子邮件和一些研究足以让这家法国公司发现资助人来自美国和以色列。资助人是否和两国的情报部门走得近？该公司的领导人有些顾虑，但他还是接受了任务。该公司的首席执行官表示：“我发现这很有趣，我对此工作的开展十分好奇。”[16]

这位客户感兴趣的究竟是什么？首先是新闻媒体。他想知道这些媒体［尤其是 Mediapart（新闻网站）和《鸭鸣报》］是如何发掘并报道事件的。这些报纸是否支持已拉开序幕的法国总统竞选中的某一特定候选人？法国和外国利益是否在新闻背后起作用？更宽泛地说，一名候选人是否诱导甚至收买了 Mediapart 和《鸭鸣报》，让它们诋毁另一名候选人。需要提及的是，两个月前，时任共和国总统弗朗索瓦·奥朗德宣称他不会参与新一届的竞选。

任务单中还包括对《比利时晚报》的一名记者进行人脉调查，尤其是他与国际调查记者联盟的关系。国际调查记者联盟是一个总部位于华盛顿的非政府组织，它也是公共诚信中心的衍生机构，成立于1989年，是揭露公共及私营部门腐败和滥用职权行为的化身。亿万富翁乔治·索罗斯通过他创办的包括开放社会基金会在内的许多基金会向公共诚信中心和国际调查记者联盟提供部分款项。[17] 国际调查记者联盟因对巨富逃税避税行为的一系列揭露（卢森堡避税泄密案、避税天堂……）而尤为著名。这位神秘客户质疑国际调查记者联盟无懈可击的公正客观，想弄清楚背后是否存在操纵行为。那位神秘客户还希望法国这家情报公司能像俄罗斯情报机关一样，将幕后操纵行为与幕后操纵者们一网打尽。

这位客户对空客的兴趣不止于此，他还想知道为什么这家飞机制造商停止了向中间人付款，特别是突尼斯说客利斯·本·沙兹利和哈萨克斯坦寡头穆赫塔尔·阿布利亚佐夫。他要求对空客与法国及哈萨克斯坦权力机关的联系进行精准调查，他还要求知晓空客的律师是如何与法国金融检察官办公室和英国欺诈重案办公室展开谈判的。2017年10月，这位神秘客户只要求获得法国金融检察官办公室听证会会议记录的副本，以了解法官的首要倾向。这家法国事务所的首席执行官表示："这是不可能办成的，我断然拒绝了这一请求。"

2017年3月7日，这位客户认为，法国前总统尼古拉·萨科齐是受新闻揭露负面影响最严重的国家领导人，同时发出这样的疑问：谁最愿意抹黑法国前总统？帕特里克·德拉伊（BFM电视台、RMC电台、《解放报》、《快报》……）、格扎维埃·尼埃尔（《世界报》）等媒体扮演着怎样的角色？甚至在民调中排名不断上升的候选人埃马纽埃尔·马克龙发挥着怎样的作用？2017

年 3 月 8 日，客户想了解中间人（穆赫塔尔·阿布利亚佐夫）的律师让 – 皮尔·米尼亚尔以及一直报道该事件的 Mediapart 扮演了怎样的角色。这之中有什么联系吗？ 2017 年 4 月，客户希望掌握关于萨科齐的好友、法国政治家帕特里克·巴尔卡尼和企业家帕托克·乔迪耶夫之间关系的更多信息。后者与时任哈萨克斯坦总统努尔苏丹·纳扎尔巴耶夫有私交，同时也是“哈萨克斯坦门”的主要嫌疑人。

阿海珐 Uramin 项目[18]事件中常被提及的瑞士经济情报公司 Alp Services 的领导人马里奥·布雷罗也引起了这位法国情报公司的客户的兴趣。马里奥是否在“哈萨克斯坦门”信息泄露中发挥了作用？他是否与哈萨克斯坦总统亲信、寡头布拉特·乌泰穆拉托夫进行了合作？

这位要求颇多的神秘客户究竟在寻找什么？是想了解“哈萨克斯坦门”事件中操纵媒体和公众舆论的人是谁吗？为什么搜集该事件中所有主人公的信息？是想透过法国司法部门与空中客车可能的协议探知其意图吗？简而言之，目的是搜集有关波音主要竞争对手的信息。

9. 出色的监察者和追捕者

任何战争都要有战士参与。在这场美国向全世界发起的司法经济战争中，参战士兵大部分来自司法领域，其中尤以美国检察官为众。他们牵头掀起各项司法程序，决定企业要缴纳的罚款数额和要受到的判罚程度。有些人趁机在业内树立良好的口碑以便将来转型步入政坛。各派势力的首领纷纷派自己团队内部的骨干力量投入战争前线，尤其是调派出大批律师负责涉事企业的案子。这些负责涉事企业的律师大多效力于英美律师事务所，他们负责对自己的客户进行调查，并定期向检察官提供有关客户被控贪腐、违犯禁运令（参见第 10 章）等信息和报告。他们认为这些信息的获取渠道是否合法并不重要，重要的是要证明这些企业是有罪的，并保障美国的司法机器如火如荼地运转。更妙的是，这些英美律师事务所在整个司法流程中，还往往能收取其客户数千万美元的费用。

因此，企业谈检察官而色变。只要检察官寄一封信、发一封电子邮件、打一通电话，就能让世界上任何一家企业的负责人惧怕不已。这些供职于监督管理机构的人就是美国司法体系中的监察者，他们活跃于美国司法部、美国财政部海外资产控制办公室、美国证券交易委员会和纽约金融服务署。

世界上各大企业、银行和投资基金的名字都在美国检察官的追捕名单上。在这些以摧枯拉朽之力动摇了多个商业帝国的检察官中，本杰明·劳斯基是最让人闻风丧胆的一个。“他就是大老板们的克星，”一位企业律师回忆道，此前他曾为一家欧洲大银行辩护，“他以善于把企业一刀一刀凌迟处死直到它们认罪伏法而著称”[1]。劳斯基毕业于哥伦比亚大学，曾于2001—2007年担任纽约州联邦检察官，于2011—2015年担任纽约金融服务署检察官，该机构负责纽约区域内的市场监管工作（华尔街就在曼哈顿的中心）。作为该机构的负责人，他带领1 200名雇员监督着逾3 800家总市值约7万亿美元的银行机构。

而劳斯基是否为沽名钓誉之辈呢？“我曾多次和他打交道，”这位企业律师继续向我们解释道，“他永远自诩为政治家而非法律从业者。”本杰明·劳斯基的政治野心在纽约尽人皆知。他于1999—2001年担任民主党参议员查尔斯·舒默的顾问，凭借这位后来成为纽约州州长的支持，劳斯基也平步青云，后又于2010年担任舒默的竞选主任。曾同为纽约州联邦检察官的安德鲁·科莫将新一任纽约州金融业务监管人的权杖委以劳斯基，让他监察管理银行业和保险业。自此，劳斯基成了纽约州金融业务的监管人。新官上任的他迅速以铁腕整饬白领犯罪，如打击黑手党般毫不留情。

这位圣茹斯特①式的人物将他的工作视为正义与邪恶之战。

① 圣茹斯特，法国大革命中涌现出的著名政治家，他也是一位天才的法律专家，著有《法国革命与宪法之精神》，曾审判国王，力主法制，又曾推行恐怖政策，雷厉风行。——译者注

2017年12月31日，他在自己的推特账号上引用了20世纪60年代棒球明星罗伯托·克莱门特的一句话："每当你有机会改变世界但却没有去做时，你就是在浪费你生活在这片土地上的时间。"本杰明·劳斯基想要做出行动，拯救这个被贪得无厌又有恃无恐的企业家污染的世界。为达目的，他可以用尽各种手段：对企业处以巨额罚款、起诉企业负责人、威胁将企业逐出美国市场、解雇无权无势的替罪羊、奖励举报者和告发者，以及监禁白领罪犯。

这匹年轻有为的"律政之狼"将利爪伸向了英国渣打银行。这是他接手的第一个大案子，他要趁此机会扬名立万，绝不会草草了事。2012年，渣打银行被控与伊朗有违法行为（依据美国制裁法令）。刚开始，该银行的众多负责人拒不承认劳斯基提出的各项指控，宣称已做好准备对簿公堂。不幸随即降临。劳斯基威胁要收回银行的执照，这无异于宣判银行死刑。相比于同样对该银行的活动展开调查的美国司法部和美联储，劳斯基承认他的做法无异于勒索敲诈，美国政府也对此感到不满，但不得不承认这确实卓有成效。迫于压力，英国渣打银行负责人最终妥协了。纽约州联邦检察官劳斯基以铁腕作风名扬四海。2012年8月，英国渣打银行同意以支票方式支付3.4亿美元的罚款，这一数额对于地方检察官来说是史无前例的。[2]渣打银行的顾问——德勤会计师事务所也被重惩：一年内禁止接新任务。而在这场风波中，本杰明·劳斯基还死死咬住瑞士银行不放。虽然瑞士银行与美国司法部进行了协商谈判，但劳斯基仍不退让——他是不会让瑞士银行不缴任何罚款就全身而退的。他针锋相对，质询纽约州相关高层是否在美国企业的财产利益受到侵犯时起到了保护作用。最终，他强迫瑞士银行认罪。劳斯基又一次胜利了。吸取了这次的胜利经验后，这位纽约金融界的“司令官”又瞄上了他的新靶子——法国巴黎银行，他让法国巴黎银行支付了近 90 亿美元的罚款，并以与被禁运国家伊朗用美元进行交易为由拿下了一位企业高管。

继法国巴黎银行之后，德国商业银行也不幸“中枪”。2015 年 3 月 12 日，德国商业银行与美国主管金融的政府机构签署了协议，同意缴纳 14.5 亿美元罚款、解雇“有不正当行为”的员工，并允许美方派遣一位监察员在随后几年全权监督企业业务。[3] 德国商业银行被控违犯银行业禁令与苏丹和伊朗进行交易。在本杰明·劳斯基的运作下，纽约州从这个案件中获利 6.1 亿美元。这是德国商业银行向美国司法部缴纳的罚款的 4 倍。在纽约金融服务署工作的四年中，劳斯基为纽约州政府金库补充了数百亿美元。因此，曼哈顿街头巷尾流传着一则笑话，说纽约州要特别感谢这些跨国大银行，多亏了它们给纽约州的翻新和新建施工项目付费！

2015 年，劳斯基功成名就，辞去公职，转而成立了自己的私人咨询公司——劳斯基集团，帮助企业更好地与美国金融监管机构谈判。更好地谈判？想想前任检察官倾其经验和人脉服务于意欲逃脱法律制裁的企业。劳斯基从此放弃投身政界了吗？抑或这只是两个阶段间的小休整，以便他更好地融会贯通，就像两位曾任纽约州总检察长，后来成为纽约州政界高层的埃利奥特·斯皮策和安德鲁·科莫那样？将银行家绳之以法永远是在选民面前树立良好形象的绝佳武器。

本杰明·劳斯基并不是最令企业恐惧的人物。虽然他是被媒体曝光最多的，但还有比他效率更高的人。普里特·巴拉拉，外号“华尔街大力水手”——因为他很爱吃菠菜，是纽约南部街区的检察官。巴拉拉本人就是美国梦的完美诠释，他两岁时离开出生地巴基斯坦旁遮普省，学生时代寒窗苦读，学习成绩一直名列前茅——他拥有哈佛大学法学院和哥伦比亚大学法学院的学位。在2009年巴拉拉被奥巴马总统任命为检察官后，他很快树立了自己的声誉，被称为“华尔街之狼的天敌”。对冲基金帆船集团创始人拉杰·拉贾拉特南及其秘书拉加特·古普塔就尝过他的厉害。2011年，普里特·巴拉拉以内幕交易罪起诉了他们。最终判决结果是，拉贾拉特南被判11年监禁，古普塔两年。三年后，摩根大通银行的厄运也降临了，它也尝到了这位检察官的狠辣手段。摩根大通银行最终因对史上最大诈骗制造者伯纳德·麦道夫的资产监管不力而支付了17亿美元的罚款。[4] 2012年，普里特·巴拉拉入选《时代周刊》“全球百位最有影响力的人物”。

还有国际金融界的其他“白衣骑士”，如纽约州联邦检察官赛勒斯·万斯，他亦参与了制裁法国巴黎银行的案件。然而，让万斯声名鹊起的则是多米尼克·斯特劳斯–卡恩的案子。2011年，时任国际货币基金组织总裁的多米尼克·斯特劳斯–卡恩因被控在纽约一家酒店性侵女服务员而被逮捕，并在国际媒体面前被铐上了手铐。赛勒斯·万斯在追查金融白领犯罪上一向声名卓著，他让企业缴纳的罚款达数亿美元。再比如，法国巴黎银行案的最后一个重要促成者莱斯莉·考德维尔——美国司法部刑事局局长。在发生该案件时，莱斯莉·考德维尔资历丰富、年富力强，“安然事件”就出自她的手笔。她以图谋欺诈市场、非法操纵企业账目为由扳倒了安然公司的两位高管。安然公司头号人物肯尼斯·莱，在刑满出狱后不久便突发心肌梗死去世了；安然公司二号人物杰弗里·斯基林，最初被判入狱24年，随后被改判为14年。由此可见，考德维尔打击跨国企业也毫不手软。

10. 提心吊胆：英美律师事务所的统治

阿尔斯通、德希尼布、西门子、空中客车……永远有一家英美律师事务所为这些遇到困难的欧洲企业辩护。美国律师包揽了全球大量的诉讼业务。值得一提的是，只愿与纽约和华盛顿的大型律所打交道的美国政府可帮了这些律师事务所的大忙。世达、诺顿罗氏、高伟绅、谢尔曼和斯特灵、美亚博、伟凯……这些国际律师事务所在全球最重要的经济中心都有分支机构。可以说，它们组成了专门处理国际事务的律师阵营，部分律师事务所甚至雇用了数千名律师。反竞争、兼并和收购、商业刑事案件……这些律师事务所在所有业务领域、所有市场、所有行业中支持跨国企业的工作。它们是不可或缺的，但并非无可指摘。

对数据机密性的威胁

如果英美律师事务所的触角仅限于金融领域，也不至于令经济情报专家忧心忡忡。然而，令他们担心的是，这种统治地位可能会对企业的商业机密保护造成影响。驻巴黎的英美律师事务所是否会将客户的重要信息发送到位于纽约或华盛顿的总部？我们不得而知。[1] 更糟糕的是，这些信息是否会被情报部门搜集到？如何确保律师向美国政府提供的西门子公司的 10 万页文件 [2] 或阿尔卡特 – 朗讯的 20 万份文件 [3] 不会落入律师事务所其他客户的手中，这些客户很可能包括企业的直接竞争对手？甚至更糟的是，这些文件会不会变成联邦调查局或中央情报局新的调查证据？空客公司的法律顾问——休斯·哈伯德和里德律师事务所主席特德·迈耶保证："美国律师与美国政府是相互独立的。"[4] 毫无疑问，绝大多数律师的确如他所说的那样。但最近发生的一些事却让人生疑。

1995 年 4 月的一天，律师威廉·李突然收到法国情报部门的命令——要求他立即离开法国领土。威廉·李被怀疑是美国中央情报局的线人，并为后者提供了大量法国公司的商业机密文件。当时，威廉·李正秘密地为汤姆逊公司的首席执行官阿兰·戈梅工作，职业前景一片大好。他成长于美国的"大熔炉"环境中（父亲是美籍华裔，母亲是美籍德裔），曾在斯坦福大学就读，成绩优异，于 1960 年毕业后进入美国国务院。工作 6 年后，他又回到哈佛大学攻读法律学位。1972 年，谢尔曼和斯特灵律师事务所的管理层将威廉·李派往巴黎办事处。他的事业蒸蒸日上，最终成为这家著名律师事务所法国办事处的领导人。20 年后，他从谢尔曼和斯特灵律师事务所辞职，加入知名的美国金融调查公司克罗尔，与美国联邦调查局、美国中央情报局以及美国证券交易委员会的前雇员一同工作，专门负责克罗尔在巴黎的业务。阿兰·戈梅也借此机会与他联系，委托他提供竞争情报。阿兰·戈梅还要求威廉·李调查 1993 年 12 月一名中国台湾军人的离奇死亡事件。这个人叫尹清枫，是一位负责中国台湾海军采购业务的船长，因清正廉洁而享有盛名。早前，尹清枫曾到法国了解护卫舰的生产状况——汤姆逊公司在两年前曾向台湾出售价值为 160

亿法郎的6艘护卫舰。[5] 阿兰·戈梅指使威廉·李暗中破坏汤姆逊的法国竞争对手——马特拉公司与阿歇特公司的合并。作为回报，威廉·李收到大笔现金。他挑拨了几位股东，让他们觉得此次合并无异于一场骗局；同时，他以“小股东”的名义提起针对马特拉公司的欺诈诉讼。“汤姆逊诉马特拉–阿歇特”案迅速引起举国关注，相关报道铺天盖地。法国政府部门最终意识到：威廉·李是个危险人物。1995年4月的一天，阳光明媚，这位律师却被驱逐出境。几年后，一张国际逮捕令又把他带回了法国。他于2002年10月短暂入狱。3年后，“汤姆逊诉马特拉–阿歇特”案开始审理。威廉·李承认收取了数十万美元的现金，他的秘书也承认帮忙转移了部分款项，以开展针对马特拉–阿歇特的代号为“折翼”的行动。审判期间，阿兰·戈梅坦承威廉·李负责处理三大事项：俄罗斯、中国台湾及马特拉–阿歇特合并案。威廉·李则对法官承认自己主要进行了游说工作。同时，他也公开了包括美国、俄罗斯和以色列情报部门特工及前特工在内的联络名单。2006年2月，判决下达：证据不足，无罪释放。但法庭认为，汤姆逊的确对马特拉–阿歇特进行了有组织的不公平竞争行为，但因时效已过，如今已无法追究。[6] 威廉·李在英美律师事务所里到底进行了多少这样的“幕后工作”？

如今，继斯诺登事件之后，这个问题依然困扰着欧洲巨头，也对英美律师事务所的业务造成了消极影响。“某些媒体报道质疑英美律师的可信度，这让我失去了不少客户。”某美国律师事务所巴黎办事处的一位律师感叹道。[7]

必须提防着他们吗？一位美国大型律师事务所的前雇员提供的信息让人脊背发凉。我们就叫他安东尼好了，他是法国人，近期换了工作，离开美国去了另一个国家——因为不想“再与侵略者狼狈为奸”。[8] 他不是一个阴谋论者，但也绝不天真烂漫，他深谙法律界和情报界的互相渗透。“大型律师事务所苏利文和克伦威尔曾一直与美国中央情报局有接触[9]，而佳利律师事务所则在战后担任“马歇尔计划”的法务代理。[10] 我记得与我上司的某次讨论中，他向我坦言美国情报机构曾与他接触。”

安东尼在一家纽约律师事务所的巴黎办事处处理过几起案件，包括受美国政府的委托对两家法国大型银行进行的内部调查。虽说是“受人之托、忠人之事”，但他所观察到和所做的事情比他预想中最坏的情况还要糟糕。美国司法部不仅要求他对调查进展做定期报告，还要求尽可能地掌握所有客户的信息，尤其是最敏感的信息。他解释道：“当时，我每周都去南泰尔的金融检察院，提交几十张 DVD（数字通用光盘），其中包含数百万客户的原始信息：电子邮件、笔记、报告等。一名法国警察负责验收这些光盘，在列有文件清单的 A3 纸上签字。随后我便离开。同一天，一名美国大使馆下属的联邦调查局官员前去将光盘取走。”表面上看，这些给美国人的“物品”具有合法性，因为信息交换在多边协议框架下完成。[11] 但仔细想想，事情不会那么简单。谁都不能证实这种交付行为没有违犯公民个人信息保护法，甚至是商业机密法。毋庸置疑，那些向外国政府提供大量信息的企业可能会被员工或审计师上诉到法庭。律师奥利维尔·布隆写道：“大量数据因外国政府进行域外司法调查而被泄露，相关企业的资产承受着巨大风险，而法国和欧洲当局对此却无动于衷，没有采取任何措施。”[12]

尽管存在这些显著风险，企业仍然绕不开英美律师事务所。当一家公司与美国有摩擦时，跨国公司总会向这些事务所求助：法国巴黎银行和法国兴业银行有世达律师事务所支持；空客公司有高伟绅、德杰、休斯·哈伯德和里德律师事务所支持；阿尔斯通则有霍金路伟律师事务所支持……阿尔斯通电力部门被收购期间，霍金路伟律师事务所的合伙人甚至就是收购方美国通用电气首席执行官的兄弟！难道不存在利益交织吗？然而，法国和美国司法部门都没有对此提出异议。

没有任何一家法国的跨国公司向法国律师事务所求助。一位美国律师事务所的法国籍商业律师笃定地说：“这不可行，美国当局觉得不可信。”[13] 不可信？ 是不信任他们的能力，还是根本不相信其他国家的律所？像法国基德律师事务所这样的机构——它自1984 年在纽约设办事处——难道对美国法律没有足够丰富的经验吗？实际上，美国政府不相信法国律师会对自己人做不利调查。“我们的一名律师说，他们害怕我们没有充分的动力来寻求真相。”[14]

此外，法国经济与财政部也充分信任英美的咨询公司或律师事务所。总有人会毫不犹豫地请求它们帮助法国公司核实商业行为是否符合美国法律和法国的《萨潘第二法案》。2017 年 11 月，经济部战略信息及经济安全专员让－巴蒂斯特·卡尔庞捷委托斯特凡妮·洛姆和奥利维尔·多尔冈[15] 对法国最大的 200 家企业展开安全专项调查。这激起了商界人士的强烈不满：斯特凡妮是英国富事高商业咨询公司法国分公司的总经理，而奥利维尔是美国布朗·鲁德尼克律师事务所的合伙人。马克龙总统的一位亲信坦言："令人难以接受。"法国的经济情报专家也吼道："这简直是丑闻！"一位法官同样认为这愚蠢至极："我根本搞不懂，领导过打击资金非法流动与反洗钱情报机构的人怎么会做出这种决定，简直荒谬。"[16] 让–巴蒂斯特·卡尔庞捷辩解道，协议具有较强的属人性，并不涉及两位专家任职的公司。这一细微差异并不能说服法国律师事务所和商业情报公司的领导层，他们因不被视为真正的法国专家而感到恼火。但是，当这些人受邀参与财政部组织的全面审查时——意味着加入奥利维尔·多尔冈和斯特凡妮·洛姆（法国海军预备役军官）——却再也听不到他们发表意见了。这是为何？答案不言自明，因为这项任务是没有报酬的。奥利维尔·多尔冈和斯特凡妮·洛姆愿意无偿为法国经济部工作。在这种情况下，难以质疑他们的爱国之心。这场"茶杯里的风暴"令让–巴蒂斯特·卡尔庞捷成为受害者：他被迫离职，加入威立雅集团，负责集团合规事务！

法律特权[①] 与职业秘密

在许多法国经济情报专家和企业眼中，美国律师（在信息保

---

① 此处的法律特权（legal privilege），是英美法系语境下的一个专有名词，是一种秘密保护制度，指的是律师在向客户、当事人提供法律服务时获悉的诸如商业秘密、敏感信息等，有权不向有关行政监管部门披露。在许多美国影视作品中，类似的场景并不少见。——译者注

密上）并不是那么可靠，因为他们和美国经济部门甚至情报部门走得太近了。而在法国，律师是要遵守绝对的职业信息保密义务的，就算是客户要求，律师也不得向国家和公诉机关公开任何保密的、有可能损害客户利益的信息。律师在执业过程中泄露客户的职业秘密，在法国属于性质十分恶劣的行为，不但违反了律师职业规范，严重者甚至会受到刑事处罚。[17]

美国律师则受到法律特权制度的约束，这一制度本质上也是一种职业秘密保护制度，不过相对没有那么严格，因为特殊情形下也有例外：律师是可以不经客户允许对外公开客户信息的。而且，美国是一个联邦制国家，对执业律师的权利义务要求，每个州都可以有自己的规定。

美国很多办理大型民商事业务的本国律师和法国籍律师都在纽约执业。以纽约为例，法律特权制度就至少存在以下四种允许律师公开客户信息的例外情形：第一，当客户允许律师对外提供保密信息时；第二，当客户欠缺民事行为能力时；第三，当律师得知客户/委托人将从事犯罪行为（谋杀或者其他非法行为）时，不过律师在向法官提示这一信息时不能过分披露细节；第四，当律师获悉的某一客户信息表明客户正在从事违法行为时。不过纽约州律师协会建议律师在前述情形下向司法机关透露客户信息前审慎考虑，尤其应当根据客户与涉事企业的关系来判断事态的严重程度。如果客户只存在轻微违法行为，纽约州律师协会建议律师继续遵守法律特权制度下的信息保密规则。如果律师是受美国监管部门的委托对企业进行合规调查，并发现商业贿赂、违反国家禁运政策等情况，那么必须首先将违规情况通告企业高管。如果企业高管在数周后对此没有做任何解释，那么律师必须将全部事实向监管部门反映。倘若律师在调查过程中发现的违规行为超出了本次调查的范围（如时间、市场、行业、国家），则要区分两种情况：第一，如果该信息所反映的事实虽然违规但已经超过追诉时效，则律师无权再向监管部门公开该信息；第二，若该信息反映的违法事实还未超过时效，则律师有权向监管部门公开该信息。

上述情形表明，在特定情况下，律师是有可能不受法律特权制度约束的，甚至有时没有选择余地，而只能将客户信息向司法机关披露。比如在监管部门的强制要求之下，这时，律师往往会征求客户同意披露信息；若客户拒绝，律师则会对监管部门的强制要求提出合法性质疑；而监管部门则可能诉诸法院，请求强制提供有关信息。要是律师及其客户败诉，就只能将信息提供给监管部门了。虽然法庭上涉案信息会盖有“职业秘密”的印章，但是律师完全有可能违背客户的意愿行事。最后，在下列三种情形下，律师应当向监管机关提供有关信息：第一，客户利用、操纵律师从事犯罪活动时；第二，当律师与客户进行诉讼且律师需要用相关信息证明自己为善意时；第三，律师知道客户在向法官撒谎时。前经济情报跨部门代表克劳德·雷维尔认为：“美国律师就是这样渐渐失去对案件的主动权的，为了不让自己的名誉受影响，律师从客户合法利益的维护者变成了无孔不入的调查官。”[18]

在美国，当监管机构的施压达到一定程度时，律师只能选择听从，将客户信息交给司法机关。而法国对于职业秘密的保护则更为得力。但无奈的是，在重大经济业务的开展过程中，美国法几乎无孔不入，美国的检察官总有办法利用律师法律特权制度的漏洞，哪怕律师会良心不安，却可以赚得盆满钵满。大型美资律师事务所就是靠美国法在全球的主导地位，稳稳地保持着巨额的营业收入的。

美国出台的各部域外法案对美国律所而言又是巨大的福音。这些法案为美国法律业务横行世界提供了各个阶段的行政程序保障。据西门子估计，公司为了开展内部合规调查，已经花费逾10亿美元。[19] 包括聘请了超过100名律师、130多名外部审计师，在34个国家举行过1 750次听证，向美国司法部提供了24 000多份文件。[20] 美国司法部还对西门子聘请德普律师事务所、德勤会计师事务所（均为美资大型事务所）的充分配合表示大为赞许。[21] 调查中，公司材料、信件的搜集和储存成本估计达上亿美元。[22] 法国巴黎银行也同病相怜。2014年，法国巴黎银行受到美国当局的制裁，此后直至2016年，法国巴黎银行将其合规部门的员工人数扩大了一倍多（从1 700名增加到3 500名），专门负责其在全球各地银行业务的合规事务，确保业务符合当地法律与商业规范，为此法国巴黎银行合规部的预算也从3亿欧元增加到6亿欧元。而这一现象不仅涉及大型银行。一位工厂的经理在国民议会组织的一项关于美国域外法权的实况报告（勒鲁什－伯格报告）中表示，为了让经营符合美国的法律法规，他前前后后已经花费了 1 000 多万欧元。[23] 而这些数以亿计的资金，却滋养着一批美国大型国际律师事务所，并保证其在欧洲法律市场的霸权地位越发难以撼动。①

英美法律工厂的“降临”

两次世界大战期间，以苏利文和克伦威尔等律师事务所为首，美国律师事务所开始尝试在欧洲的冒险。这种“移植”并非一蹴而就：1929 年的经济危机重挫了全球经济体系，1945 年后，它们又开始了新的尝试——这一次大获成功。通过在欧洲开设办事处，佳利等大型律师事务所在“马歇尔计划”的推动下，负责重建被战争蹂躏六年的欧洲。法国人成功抵抗了英美律师事务所“降临”的浪潮——其法律服务市场具有较强的保护主义性质，还有一部法令禁止法国律师入伙美国律师事务所。但面对建设欧洲的迫切需要，英国的律师事务所却很受欢迎。这些英国律师事务所也“值此良机”，为大西洋彼岸的近亲——美国律师事务所铺平道路。[24]

某种程度上，这仍是一块处女地，因为法国律师不太注重商法——他们觉得刑法或民法更庄重、高贵。“直到 20 世纪五六十年代，法国律师的执业方式仍然具有‘古典职业’的性质——它 18 世纪出现，19 世纪得到加强，在第三共和国时期达到高潮，

① 合规业务为美国律师事务所带来了巨额创收。——译者注

随后没落。‘古典职业’的特点是：在政治上处于首要地位、投身于自由主义斗争、明确拒绝商业市场、从第三共和国时期的专业领域精英向领导国家的精英阶层转变，以及第二次世界大战后政治经济的衰退。”[25] 法国律师的传统观念是：宁为寡妇和孤儿辩护，也绝不向商业市场让步。

因此，“商业律师”一词出现在20世纪60年代，当时巴黎律师界的一些领导者决定致力于公司咨询事务——这是一个“被所有竞争者遗弃”的领域（法务及税务咨询、商业法庭代理业务、公证人、商业代理人、基金公司等）。以建立欧洲共同市场的“承诺”为由头，他们呼吁设立“商业律师”——这一新词指“不专门从事出庭辩护、诉讼程序、争议解决及其程序相关事务”的法律从业者，但他们与企业家“建立长期合作关系，负责问题及项目咨询”。[26]

法国甚至欧洲的法规往往束缚着对商法感兴趣的律师。“许多研究表明，与市场保持距离（公开禁令，青睐酬劳，而不是单纯获利）从结构上塑造着欧洲的律师团体，这与美国截然不同。‘商业律师’一词在很多方面都体现出矛盾的特征。法国律师界的代表继承了贵族职业观念（无私与使命），超越了职业本身，但实际上，他们长期担任与商界联系密切的法律工作（公司律师、法律顾问、商业代理等）并以此谋生。事实上，作为法律专业人士，姗姗来迟的‘商业律师’一词与20世纪60年代对‘古典律师’模式的质疑有着密切联系。”[27]

幸运的是，对法国律师来说，随着欧洲共同市场显现雏形，欧洲重新点燃了法国“黑袍”群体的热情。“新型律师出现与新的法律诞生是齐头并进的，新兴商贸法据称是集企业相关法律知识之大成（税务、商业、刑事等方面），打破了‘小业主’时代陈腐的‘传统的商法’的桎梏。”[28]

1991年，欧洲共同市场得到进一步发展，同年大刀阔斧地进行了关于律师及法律咨询职业整合的改革。但仍然晚了一步，欧洲与英美国家之间已经有了巨大的差距。1996年，英美律师事务所占法国商业法律师事务所17%的份额，如今则是27%，甚至在2006年曾达到31%。[29]它们的统治地位是不可撼动的。2012年，法国有150家商业法律师事务所，其中近1/3来自英美国家。而法国商业法律师事务所中，仅有20余家在国外开展了业务（主要是法语国家）。英美法系的国家扮演着世界保卫者的角色：“英国和美国的法律从业者是这一行业国际化过程中最具党派之见的劲敌，伴随着全球化的发展，他们向全球输送着他们的价值观。他们似乎也最清楚全球化的局限性：他们本国的市场相当排斥外籍专业人士，没有外国律师事务所可以在这两个国家立足，即使属于英美法系的其他国家的律师事务所也基本只能在本土发展。”[30]

21世纪初期，“巴黎商法市场竞争激烈，四大会计师事务所[31]和英美律师事务所在人员和营业额上都占据商业事务的半壁江山”。[32]贸易国际化加深。欧洲正构建其单一市场……世界贸易规则也变得更加灵活多变，金融业在市场中的比重逐渐增加，英语在商业领域自是被奉为通用语言。面对这些现象，企业尤其需要保证合同的可靠性。英美律师率先关注到这一新的需求。他们占据地利，蛰伏良久，伺机而动。[33] 20 世纪 60 年代“华尔街派”律所崛起，它们专门负责华尔街商业事务。[34] 20 世纪八九十年代大型律所也应运而生，它们是名副其实的司法工厂，聘用大批美国顶尖大学的高才生负责各种业务，而稍显逊色的学生才去负责某一特定领域的法律业务。[35] 2017 年，法国商业律师事务所 35% 的“营利职工”（股东、合伙人及行政人员）在国际律师事务所工作，其中多半是英美律师事务所。

英美律师事务所手握商法领域大半业务，雄踞过半的营业额，反观法国律师事务所则只占 28%。[36] 2017 年，该领域的年平均营业额为 3 100 万欧元，而十大商业事务所（其中大部分是英美公司）的营业额是其 5 倍。在十几项法律业务营业额的排名（社交、地产、重组、竞争及发行、公共事务、银行等）中，诉讼仲裁（包括咨询及为受外国政府起诉的客户辩护）紧随兼并收购，位列第二。2017 年，诉讼仲裁占总业务的 55.6%，较 2011 年翻一番。[37] 结果是，2017 年，法国的十大律师事务所中，只有两家地地道道的法国本土律师事务所（达罗瓦 · 维利 · 马约 · 布罗奇耶及 BDGS 律师事务所）、一家英国事务所（富而德律师事务所），其余全部来自美国（谢尔曼和斯特灵律师事务所、美亚博律师事务所、伟凯律师事务所、迈克德莫特律师事务所、瑞生国际律师事务所、威嘉律师事务所及普衡律师事务所）。[38]

面对这些英美竞争对手，法国人如履薄冰。2017 年，法国的法务市场规模超 310 亿欧元，较 2015 年增加 70 亿欧元。[39] 抢下一个案子就能多赚几百万欧元。“自 21 世纪以来，商法市场的竞争从未如此紧张激烈。2007—2009年的金融危机使这种情况进一步恶化。法国律师事务所越发艰难。1990—2007年，巴黎逾四成律师事务所倒闭。而国际律师事务所的涌入是造成这种现象的原因之一。最初是一些英国律师事务所，随后美国律师事务所也参与抢滩大战；其中相当一部分律师事务所在国际上并没有什么名气。这些律师事务所从美国西海岸成群结队地来巴黎捞金。近来为迎合全球化的趋势，美国律师事务所在客户的促使下，决定加速推动扩张战略，寻求新市场或塑造新的公司形象。面对这一形势，绝大部分法国律师事务所不但自身难保，还要绞尽脑汁应付新的挑战。现在，商业律师事务所必须出类拔萃，才能从众多竞争选手中脱颖而出。因为各大律师事务所提供的服务越发趋同。市场竞争越发激烈：人才、案件和客源，这些都显示了各律师事务所不进则退的处境。而这样的竞争断绝了同袍之谊，还迫使从业人员越发不注重提高职业道德和专业素质，最终在全行业酝酿了幻灭和沮丧情绪。”[40]

一些人从英国脱欧中看到了些许希望。英国脱离欧盟就意味着伦敦金融城切断了与欧洲27国的联系。普通法系对欧洲市场的影响或将减弱。律师弗雷德里克·佩尔蒂埃认为这是建立欧洲商业法的好机会。“英国脱欧重新掀起了一场关于金融管辖权的经济战，在英国普通法系过去一直在该领域占据着绝对上风。”普通法系影响力的下降是否是英国脱欧的延续？弗雷德里克·佩尔蒂埃希冀下一场司法战役能在欧洲大陆打响：“只有借助大陆法系，法国法才能获得认可，英美法系的影响力也会减弱……”[41]

普通法系与大陆法系：商法之争

两大司法体系的对峙已有20余年。[42]一方面，大陆法系（也称拉丁法系）建立在成文法基础上，而源于英美的普通法系则是以契约为尊。在大陆法系下，法官参考法条进行判决，而在英美法系中，则是参看合同。[43]这就是两大彼此竞争的司法模式的主要特点。

两大司法体系对峙的关键之处在于经济。一些人揭露“美国的司法帝国主义”[44]主要表现为在全球范围内向大陆法系开战，认为其处理商业纠纷的方式早已过时。世界银行已选好了阵营：普通法系。自2004年以来，世界银行每年都会发布《营商环境报告》，根据贸易宽松度为世界各国排名。看似巧合的是，普通法系国家排名都名列前茅，而大陆法系国家则排名靠后。恼羞成怒的法国人决定还击。2007年，一些律师和司法人员成立了大陆法系基金会，他们的目标是推动大陆法系进一步发展，在世界范围内构建执法网络，梦想着推动实施一项具有国际影响力的战略并逐步渗透进国际多边机构……

这些司法人员的第一个目标就是世界银行发布的排名。“这个排名是带有偏见的。”法乐菲律师事务所的律师帕特里克·帕特兰反驳说，2010年他和克劳德·雷维尔合作撰写了商业环境报告。[45]“这份报告之所以有倾向性是因为它是基于英美观念进行评估的，或者更确切地说就是基于普通法系。基于这个评估体系，最具吸引力的国家当然是那些少收税、雇员不享受任何保障、企业没有任何道德责任的国家。”[46] 在帕特兰和雷维尔看来，世界银行竭力倡导推广普通法系。这招倒也奏效：大陆法系在经济领域失去了它的市场，尽管它依然统治着民事案件领域。[47] 诚然，世界上不少国家也成功地抵制住了英美法系的蔓延，如中国、俄罗斯、印度、巴西等国都接受了大陆法系，但在商业领域，普通法系依旧稳坐头把交椅。

就这样，法国和欧洲跨国公司都倒向普通法，它们别无选择，特别是事关签订国际合同时——起草这样的文件往往需要英美律所的襄助。大企业承认，相比法国律所他们更偏好英美律所。在 2011 年 10 月 27 日国民议会组织的一次题为“大陆法系——竞争性的载体”的研讨会中，法国兴业银行法务主管杰拉尔德·加德拉承认对英美律所更为关注。在他看来，英美律所在国际上的口碑更好，他们的雇员也更懂得团队协作。欧洲律所别无选择：它们要想保持住自己的地位就得联合起来，抱团打响这场世界范围内的法律战。

第三部分
华盛顿坚决要使欧洲经济处于其从属地位

对美国而言，国际腐败究竟是一种罪行还是一次机遇？这个问题值得讨论，因为国际腐败已经成为美国干涉盟国事务的完美借口。20多年来，美国以国家安全的名义新增了大量侵扰性法律。官方声称要通过切断获得资金的渠道来打击“非民主国家”、恐怖主义和国际犯罪。但事实上，正如美国中央情报局和国家安全局前雇员爱德华·斯诺登在2013年所揭露的，这些法律在实施过程中产生的任何偏差都是合法的。实际上，恐怖主义已成为最好的挡箭牌，它让美国“大耳朵”电子监控系统有借口监听法国总统、德国总理以及巴西总统的通话内容。这些法律的适用范围是如此广泛而模糊，而美国各情报机构之间的协调合作又是如此高效，从而使美国能够搜集并永久储存市场上每日数十亿交易中的大部分信息。这些搜集来的数据将会被作为美国检察官起诉的依据。即使只是出于最细微的怀疑，这些数据都可以让一个公司吃官司。与此同时，美国的跨国公司却能够在国际市场上安心地做着自己的生意，为了拿下最优质的合同，它们拥有一套非常复杂的机制，需要动用政治、经济和研究领域盘根错节的高效关系网络。这样的一套系统将欧洲竞争者的腐败行为送回了石器时代，而美国企业却走向了奥威尔式的极权主义。

11. 以搜集全球经济情报为目的的法律

“这份文件的目的主要是通过明确国际贸易惯例的现实做法，分析美国集团实施的新一代腐败模式与其展露出的信息控制技术，从而揭露美国政策隐藏颇深的双重标准。”

这是法国一家经济情报公司出具的报告的开头。研究内容是：美国将国内法和域外管辖权作为称霸世界经济的工具。这份报告撰写于 1999 年的 4 月，从那个时候，也就是 20 世纪末开始，法国人就在关注美国法律带来的影响了。这份报告只送到了极少数人的手里。在法国巴黎证券交易所上市的前 40 大公司中，基本上只有几家大公司的高管拿到了这份报告。法国的情报部门也是这份报告的读者。

报告作者对美国盟友毫不留情。他们指责美国打击腐败是为了增强自身的影响力，并借此获取欧洲公司的商业机密。腐败不过是一种借口，是“特洛伊木马”，其实美国真正的意图是从根本上改变众多国家的经济体制，“邀请”它们采用新自由主义[①]规则。“受美国利益驱使，国际货币基金组织和世界银行经常以防范腐败风险为由，对处于制度结构性调整的国家推行私有

① 新自由主义强调自由市场机制，反对国家对国内经济的干预、对商业行为和财产权的管制，支持私有化，主张通过国际组织（如世界贸易组织和世界银行）与公约对他国施加多边的政治压力。——译者注

化。”私有化意味着收回国家及其代理人对公司的管理权，从而减少腐败，在私有化后，新公司的所有者就无须对批准公司的当权者负责。报告作者没有被蒙骗，他们不相信美国真的在扮演其声称的“白衣骑士”的角色。

他们提到了美国实施的“一项真正的反腐败政策”。这项政策从三个方面展开：宣传和传播美国的反腐败法律规范，发展新一代的反腐败技术，掌控信息以应对竞争。“美国的情况表明，腐败的模式与压制腐败的法律武器诚然保持对立的关系，但它们也是一枚硬币的两面，可以相互转换，比如制定一项‘腐败政策’。这都是为国家利益服务。”

于是，1977 年的美国《反海外腐败法》应运而生。这部法律被描述为美国公民与他们的公司之间“雷声大、雨点小的和解”，主要是为了恢复因水门事件和多家跨国公司卷入海外丑闻后被动摇的国家信心。那时正是冷战时期，毫无疑问，这些丑闻严重削弱了“美国制造”的冠军形象。因此，美国政府便组织起来，以便与美国外交部门一起各司其职，更好地协调公司事务。一方面，美国政府动员世界各国采用美国《反海外腐败法》中规定的反腐败斗争规则；另一方面，美国公司则通过离岸金融平台进行重组。“新一代的腐败模式已经形成，并成为竞争优势的源泉。”这个新一代的模式利用全球信息网络，捕捉世界各个角落的情报，然后进行分析，用于服务美国的政治经济利益。

如何应对这样一套提前设计好的完美机制呢？上述报告的作者认为，欧洲不能只是简单地复制美国的反腐败斗争规则，也不能仅要求加强对避税港的监督，欧洲必须建立一个可与美国强大的情报搜集能力匹敌的情报中心，以平等的武器装备与之竞争。“欧洲集团要采用一套无懈可击的加密算法，来更好地保护它们的情报资产和通信记录，同时建立战略情报系统，监测、分析和反击不公平的竞争行为。”

虽然20年前提出的这些建议没有起作用，但无论如何，它们警示了人们应小心美国当局强大的经济情报搜集能力。2013年，美国中央情报局和国家安全局前雇员爱德华·斯诺登揭露了美国的全球监听计划，法国的“卡桑德拉”[①]最担心的事情被证实了。这份报告被埋藏了20年，因为法国当时对这份报告的评价是，“这是在给我们的美国朋友泼脏水”。

盗用反腐败的名义，为“美国制造”服务

我们的美国朋友有自己的小算盘，知道保护自己的利益，而且总是把他们的观点强加于人……从1977年开始，美国人就只有一个目的：让全世界都使用他们的反腐败法律，这样他们的公司就可以以平等的法律武器与外国公司竞争。经济合作与发展组织在1997年签署了《反对在国际商务交易活动中行贿外国公职人员公约》，这意味着美国人的目的已达到，接下来要做的就是

① 卡桑德拉是希腊、罗马神话中的特洛伊公主，因神蛇以舌为她洗耳和阿波罗的赐予使其具有预言能力，又因抗拒阿波罗，她的预言不被人相信，在神话中她的形象是一名不为人所相信的女先知。——译者注

设法使各国实施经济合作与发展组织提出的倡议，这将主要通过非政府组织来完成。

世界银行前区域总监彼得·艾根[1]于1993年在柏林成立了非政府组织——透明国际。透明国际的宗旨是打击腐败，它在一百多个国家成立了分会。它每年都会发布一份全球腐败排行榜：按照从最不腐败国家到最腐败国家的次序进行排名。在榜单中垫底的国家意味着其商业环境没有安全保障，因此在该国做生意就会显得十分可疑。事实上，评估的标准是以对政治家、商业领袖、专家和学者所做的调查报告为基础而得出的一个腐败印象指数。

这就是透明国际总是被诟病其全球腐败指数的制定过程不透明的原因。受访者人数是多少？调查对象由谁来选以及如何选？具体提了哪些问题？评估了哪些种类的腐败？它们都是什么类型的腐败？一些研究人员对此深表怀疑，他们担心透明国际的腐败印象指数只体现了看得见的腐败。这“不是一只眼睛，而是一个焦点，我们透过焦点看到的是一个扭曲的事实画面。因为我们透过焦点观察到，一些事实在增长，另一些事实却在逐渐减少。腐败印象指数没有让腐败行径大白于天下，它只是将黑暗转化为半明半暗。在昏暗的光线中，人们的确猜到有事情发生了，但却无法清楚地辨别它们。这种模糊的腐败印象过度暴露了观察者身边的场景，同时也在阴影中留下了未知。更重要的是，聚焦容易识别的腐败行为会导致将注意力全部集中在腐败印象指数较高的对象身上，其他的腐败行为则会继续隐藏在黑暗中”[2]。换句话说，腐败印象指数只反映了部分问题。这是否是刻意为之呢？

另一种对透明国际的批评声音是，它的资金主要来源于美国的基金会和跨国公司。法国前右翼议员、两份关于经济情报议会报告的作者贝尔纳·卡拉永指责透明国际与英国方面的利益密切相关。[3] 比尔及梅琳达·盖茨基金会、索罗斯基金管理公司、荷兰皇家壳牌集团、英国石油公司、宝洁公司、美国国际开发署……它们实际上都是该组织的慷慨捐助者。透明国际发布的排行榜虽然有待完善，但仍是经济领域中最权威的榜单。主要的国际金融机构一贯采纳这个排行榜，而且媒体在报道时，也将这个排行榜作为唯一的参考依据。

让我们回到透明国际的创始人彼得·艾根，因为他的经历太具有启发性了。他在 1991 年 7 月带着苦涩和挫败感离开了世界银行。身为世界银行非洲和拉丁美洲的区域总监，他观察到腐败给这些贫穷国家的经济带来了危害。他未能说服世界银行有效地打击腐败，但他不是一个轻言放弃的人。

1993 年，他身边聚集了十几个人，他们一起创立了透明国际。第一批捐助者有福特基金会、美国的非政府组织“非洲全球联盟”以及德国技术合作公司。时机非常完美。两年后，澳大利亚人詹姆斯·沃尔芬森（1981 年成为美国公民）接管世界银行，而他将反腐败斗争列为最优事项。

这真是一次了不起的胜利，因为他制定的这项政策违反了世界银行当时的规定。[4] 无论如何，詹姆斯·沃尔芬森打破了一项禁忌。[5] 世界银行开始以反腐败斗争的名义干涉各国内政，并要求各国将其所有经济公司私有化（华盛顿共识），从而消除腐败的风险。詹姆斯·沃尔芬森发现，透明国际是开展反腐新斗争的理想战略伙伴，于是他利用世界银行的影响力和资源来帮助这个成立不久的非政府组织。世界银行不是透明国际的唯一跳板，经济合作与发展组织也与它志同道合，这尤其体现在于 1997 年签署的著名《反贿赂公约》的制定过程中。

透明国际的巨大成功吸引了法国经济情报中心的注意。通过更细致地研究其创始人彼得·艾根的经历，专家发现他在华盛顿的乔治城大学求学时的导师是海因里希·克龙施泰因教授，教授的全家在 20 世纪 30 年代逃离了纳粹德国。海因里希·克龙施泰因与美国情报界交情匪浅，他经常参加“威斯纳帮或乔治城”的活动。 这个社团由美国中央情报局探员弗兰克·加德纳·威斯纳管理,他利用这个平台帮助“公司”[①] 培养新成员。法国密探们同时得知彼得·艾根曾多次为福特基金会工作。众所周知，该基金会与美国中央情报局关系密切。在冷战期间，美国探员正是借助福特基金会的掩护，来打击欧洲的共产主义势力的。他们最后还发现，福特基金会历年来的许多合作伙伴都是透明国际的第一批支持者，如约翰·吉松戈、奥卢塞贡·奥巴桑乔、奥斯卡·阿里亚斯·桑切斯、路易斯·莫雷诺·奥坎波、罗伯特·克利特加德、艾哈迈杜·乌尔德－阿卜杜拉，特别是还有罗伯特·麦克纳马拉，他曾在越南战争期间担任美国国防部长，曾在 1968—1981 年担任

① “公司”是美国中央情报局的外号。——译者注

世界银行行长。

透明国际还可以依靠美国国家民主捐赠基金会的支持。美国国家民主捐赠基金会是一个旨在促进民主与市场自由化的两党制非政府组织，创立于1982年，是里根总统推行情报体系改革的产物。这次改革准许美国情报部门将一些任务私有化，委托给美国国家民主捐赠基金会等非政府组织盟友来完成。

透明国际的工作给美国带来了利益，这是一种巧合吗？无论是否有意，透明国际帮助世界各国制定了类似《反海外腐败法》的法律规范，巩固了美国在世界上的影响力，并重新确定了美国情报部门在经济和贸易领域的地位。

人道主义的工具化

透明国际只是这个链条上的一个环节而已。法国前总检察长皮埃尔·梅朗同时也是国家反贪局的前身——中央预防腐败中心的负责人。他称“这套权力与影响力交织的网络是美国高效率的源泉，是目前一种独一无二的存在”[7]。梅朗识破了美国“白衣骑士”的形象背后隐藏的掠夺性战略。他解释说，不能天真地相信美国的反腐败言论。“这些‘善意’的提议，这些标榜的美好意愿，所表达的都不是真正的消除腐败行为的愿望，而是让竞争对手信誉扫地，从而为美国利益开辟新市场的倾向。”[8]损害竞争对手的信誉，为自己保留最好的商机：美国打响了一场真正的情报战，由非政府组织组成一支“军队”，在搜集有价值的情报的同时，传播些漂亮的空话 。

皮埃尔·梅朗所说的网络战略从 1961 年开始实施，更确切地说，是从 1996 年 11 月 3 日美国国会通过《对外援助法案》的时候开始实施的。这份由约翰·肯尼迪总统签署的文本促成了对外发展援助机构的建立，这是美国在世界上具有影响力的战斗部队之一。美国国际开发署负责管理美国非军事对外援助项目的预算，每年约 300 亿美元。20 世纪 60 年代初，在福特基金会和洛克菲勒基金会的赞助下，美国国际开发署开展了一项声势浩大的运动，主要目的是促进拉丁美洲、非洲与亚洲的人权与民主。运动宗旨很简单：捍卫一种始终以经济自由主义为基础的自由观。福特基金会还和美国国际开发署一起支持向发展中国家提供建议和技术援助的非政府组织“国际经理人服务组织”。在与美国中央情报局一起成为“遏制战略”[9]的主要载体之后，福特基金会资助并保护了所有的新一代非政府组织，这些组织都处于国际人权或者环保斗争的前沿。[10]

国际经理人服务组织的创始人不是完全无私的企业家。他们在为发展中国家提供技术支持的同时，也在维护自己的商业利益。1964 年，约翰逊总统正式在白宫设立了国际经理人服务组织，当时站在他身边的都是美国大型公司——施乐公司、时代公司、通用动力公司、哥伦比亚广播公司——的领导。国际经理人服务组织维护发展中国家经济增长的公平性与可持续性，它主张建立“强大的私营部门”，认为这是恢复经济和维持国家稳定的基石。该组织在 130 个国家开展业务，它在自己的官方网站上吹嘘其自诞生以来，已经在全球实施了超过 25 000 个项目。

1975 年，福特基金会、安德鲁·梅隆基金会等资助创立了一批新的非政府组织，譬如阿根廷的“国家与社会研究中心”。这些非政府组织的目的是，促进拉丁美洲的民主和市场自由化。新保守主义非政府组织美国国家民主捐赠基金会由同一批人于 1982 年设立，旨在全球范围内实现相同的目的。这种宣传美国价值观的方式有时比秘密部门的操作更有效。中央情报局前局长威廉·科尔比（1973—1976 年任职）肯定了这一事实：“不再需要诉诸秘密行动了。很多以前暗地里进行的秘密项目，现在都可以公开执行了。”[11] 美国国家民主捐赠基金会的创始人之一艾伦·温斯坦也证实了这一点：“25 年来，我们的许多行动都是在中央情报局的掩护下实施的。”[12] 从此私营部门开始接手以前由情报部门执行的任务。不管采用何种方式，反正都是使用纳税人的钱。因为美国国家民主捐赠基金会的经费来自联邦政府的拨款，划归在美国国际开发署的预算中：一开始每年拨款 1 500 万美元，后来追加到每年 3 000 万美元，再后来每年的拨款额超过 1 亿美元。

由于资助和支持所有这些非政府组织，美国国际开发署在外国的政治变革中扮演着举足轻重的角色。在柏林墙倒塌、苏联解体后，美国政府机构将其部分活动调整为打击经济犯罪。早在 1989 年，美国国际开发署就启动了一个打击欺诈和腐败的项目。起初，项目的行动主要集中在拉丁美洲区域：拉丁美洲和加勒比地区财政管理改进项目，后来改名为“美国问责与反腐项目”。这个由美国国际开发署资助，并由咨询公司 Casals & Associates 执行的项目，这不仅使拉丁美洲公民开始关注腐败问题，同时还帮助他们打击腐败。该项目还培养了他们参与政治的能力，促使他们亲自参与国家治理，并提高政府透明度。[13]

在拉丁美洲之后，美国国际开发署将目标转向了非洲。在 20 世纪 90 年代，美国政府机构利用其位于非洲大陆的众多办事处，开始敦促非洲进行反腐败斗争。它出钱资助了相关的教育和培训，这些任务由当地的透明国际组织代表来执行。它还与其他组织开展密切合作，譬如世界银行、国际货币基金组织、经济合作与发展组织以及非洲全球联盟[14]等。在 20 世纪 90 年代，反腐败斗争成为美国国际开发署的优先事项之一。在 2001 年和 2002 年，美国政府分别投资了 1.84 亿美元和 2.22 亿美元用于反腐败行动中。“我们可以在美国国际开发署 2005 年的网页上看到，它与主要的国际非政府组织都有联系，其中就包括多年来一直在支持的透明国际。它刚刚又帮助美国国家民主捐赠基金会拿到一笔拨款。”[15]

打击犯罪来孝敬“老大哥”

为了让西方国家都遵守美国的法律，美国政府掌握了一种战略、一项计划以及相应的实施手段——通过搜集和分析来自世界各地的情报来追捕全球的不法分子。这项计划就叫作“国际犯罪控制计划”，这是美国从1998年开始实施的一个项目。它的宗旨很简单，即编织一张全球安全网，在尽可能多的国家安插美国安全机构和情报机构的成员，包括美国联邦调查局、美国缉毒局、海关部门、中央情报局等。1998年，美国联邦调查局在32个国家设置了办事机构，它还打算进一步扩张。“它将在尼日利亚开设新的办事处，同时扩张墨西哥和俄罗斯的办事处。它还打算在其他12个国家开设办事处。美国海关部门也同样计划在欧洲、亚洲、大洋洲和美洲开设新的办事处。美国缉毒局将在拉丁美洲和亚洲建立办事处。”[16] 这个国际犯罪全球监测机制是独一无二的。通过建立有效的网络来搜集所有的政治经济情报，美国成为打击犯罪的全球领袖，并迫使其他国家接受它控制和惩治犯罪行为的方式。

这套机制可以追溯到1995年。一切都始于PPD-42总统令。[17] 当时的美国总统比尔·克林顿因冷战的结束而满心欢喜，但仍然担心“仇恨与不宽容的面孔依旧存在”。必须将新的敌人，也就是威胁美国国家安全的国际犯罪作为优先打击事项。“我们在寻找一个框架，在这个框架下，贸易开放程度不断加大，全球经济持续增长，民主规范日益普及，对人权的尊重越发普遍，恐怖主义、毒品贩卖和国际犯罪不再危害和平与稳定。”[18]

克林顿要求政府与各部门积极协调，努力打击国际犯罪，加强与各国的密切合作，以更具创造性的方式掌握斗争的主动权。3年后，比尔·克林顿正式提出国际犯罪控制计划。这份文件揭露了“全球化”的黑暗面。它指出，全球犯罪活动的增长趋势令人担忧，已经成为一个日益复杂的威胁。贩毒、恐怖主义、走私、欺诈、勒索、洗钱、偷渡、腐败、经济间谍活动、窃取和假冒知识产权[19]……犯罪无处不在。

国际犯罪控制计划旨在建立更好的惩治犯罪行为的立法体系，避免孤岛效应，以使警察和法官对这些犯罪现象有一个整体的认识。行动计划中构建的战略框架旨在提高美国政府部门的快速反应能力，从而更有效地追捕犯罪分子。国际犯罪控制计划兼具攻击性与防御性，战略可分解为八个阶段目标。第一个阶段目标（将第一道防线扩展至美国境外）是明确美国的域外管辖权。这清晰地表明了美国诉诸本国的法律武器在世界各地打击犯罪的意愿。即使犯罪行为发生在外国,美国也有管辖权。第二个阶段目标侧重于保护美国边境，主要是消灭走私。第三个阶段目标旨在防止世界上出现无法无天的“灰色地带”。这意味着，除其他条款外，要特别增加国际条约的数量，形成一个足够密集的全球网络以方便抓捕和引渡逃犯。第四个阶段目标是打击金融犯罪。这要求美国政府部门全面寻求与外国政府的双边及多边合作，以便追捕金融罪犯并没收他们的财产。第五个阶段目标是预防国际贸易中的非法牟利行为，主要是通过监督技术性的非法出口、保护知识产权、追踪假冒与盗版产品、制止违犯美国法律的不公平或掠夺性的贸易行为，以及打击窃取工业信息和美国商业机密的间谍活动。第六个阶段目标是敦促美国情报机构加倍努力地追捕犯罪公司，主要是互联网公司。第七个阶段目标是鼓励国际合作，建立惩治犯罪方面的国际标准。这一国际标准十有八九与美国标准保持高度一致，而且有此意愿的政府还会获得技术援助和培训。第八个阶段目标是敦促美国各政府部门与私营部门合作。

国际犯罪控制计划具有明显的域外管辖意味，而且这一计划的背后推动者也从未隐瞒过这一点。美国联邦调查局前局长路易斯·弗里在 1997 年对此做出解释："美国无法只在本土范围内打击犯罪。为了打击这些犯罪组织，我们必须先发制人，同时要让自己变得强大起来。为了更好地在美国境内与境外保护美国人的权益，联邦调查局研究了多种方法，通过加强我们的域外管辖权，给我们的政府部门提供培训，以便在境外打击犯罪行为。"[20]

在美国境外提前查获的犯罪分子越多，他们对美国利益的损害就越小。然而，与官方声明完全相反，国际犯罪控制计划的全球网络首先服务于美国国家安全。它使安全机构和情报机构能够正大光明地"扫描"全世界，搜集机密情报，追踪并消除来自境外的威胁。这一切都源于非政府组织、智库、咨询公司和跨国公司互相勾结形成"生态系统"的精心策划。

美国的金融战争

自从"9·11"事件之后，美国政府就开始了打击恐怖主义的战争。这场战争包含多条战线，金融就是其中一条重要的战线，其主要目的是切断美国的敌人获取资金的渠道。这些人有充裕的资金来源：犯罪团体、恐怖组织、黑手党……双方各司其职：特种部队和无人机从肉体上消灭一些障碍；美国财政部官员利用追踪赃钱来消灭负隅顽抗的罪犯，并惩罚那些敢于挑战他们权威的轻率之人。

胡安·萨拉特之前就是金融特种部队中的一员，曾经担任实施打击金融犯罪战略的总指挥。正是他和他手下的人带领美国财政部在2001年为这场战争做好了充足的战斗准备。时任美国总统副助理及国家安全顾问的他领导了2005—2009年的反恐斗争。如今，他继续在咨询公司战斗，担任金融诚信网络公司的主席，其主要客户包括政府、银行、跨国公司以及多边金融机构。这家咨询公司的任务就是检测可疑交易，所以胡安·萨拉特完全清楚这场“隐秘战争”的运作——这个表述来自伊朗前总统艾哈迈迪·内贾德，后者曾在2012年抱怨经济制裁给他的国家带来了灾难性后果。[21] “这场隐秘战争经常被低估或者被误解，但这已经不再是一个秘密了，它是美国国家安全理论的核心。”[22] 胡安·萨拉特认为，经济战争是当前冲突的主要形式。“当代国际冲突不属于军事领域的问题，而属于商业领域。这些战争不是必然在实地战场上进行的，公司的董事会就是没有硝烟的战场。地缘政治首先是关于金融和商业武器的问题。”[23] 事情现在已经很明朗了：美国人将商场视为战场，公司就是装甲师，而金融市场就是大规模杀伤性武器。在这场全球性的经济战争中，他们觉得自己是优秀的战士。也许他们太优秀了。

胡安·萨拉特注意到，犯罪组织和恐怖组织以及部分国家正在适应新的环境，它们找到了可以避开美国打击的办法。结果就是西方国家的公司不敢再轻举妄动，放弃了一些风险较大的市场。由于美国政府对某些犯罪组织、部分国家等缺乏追踪有效情报的来源，美国监测能力逐渐衰退。“监测与控制工具的效力开始减弱”[24]，这使得那些不受约束且不透明的公司及个人对此都感到庆幸。

胡安·萨拉特同时观察到俄罗斯等美国竞争者的“侵略性”行为。2008年夏天，由次级抵押贷款引发的全球金融危机全面爆发。美国人了解到，俄罗斯向中国提议：出售俄罗斯和中国在贷款抵押公司房利美与房地美所持有的债券。房地美公司当时管理着5万亿美元的贷款，它的债务高达1 700亿美元，而中国就占了1 000亿美元。如果中国和俄罗斯将它们的债券全部出售，那对美国经济来说会是一个巨大的灾难，美国政府将被迫斥巨资来维持房地美公司的正常运营。“这表明各国利用金融武器对美国进行反击。”[25]

具有讽刺意味的是，胡安·萨拉特承认俄罗斯的此项提议只是重现了美国人的套路。这意味着，俄罗斯和其他盟国都能使用此类方法来捍卫各自国家的经济利益。“美国强大的竞争对手，包括它的一些盟友，正在加大力度限制美国利用美元作为权力杠杆的能力。”[26]

在大规模的反抗面前，美国依旧稳如泰山。因为它享有众多得天独厚的优势——美国本身的市场吸引力、拥有可以作为储备和兑换货币的美元、全球市场监测和监管的重要地位，以及多年累积的口碑，更何况有时战争还是它自己挑起的。“这使美国采取的措施在全球范围内都有影响力，甚至包括单边措施。”[27]经济战领袖萨拉特总结道：美国绝对不能打退堂鼓，必须继续追捕诈骗分子、腐败分子、犯罪分子和恐怖分子。美国要求其合作伙伴和盟友一起投入到这场战争中。但在胡安·萨拉特看来，实际情况并非如此，因为他发现欧洲在打击经济犯罪方面总是畏首畏尾。既然欧洲人撒手不管，那就只能靠美国的情报部门和安全部门加倍努力了。

12. 经济战前线的美国情报部门

噩梦一般是从美国的政府部门（美国司法部、美国证券交易委员会、美国财政部海外资产控制办公室……）发出的一封信件开始的。[1] 美国人在信中怀疑某公司在某个国家的市场中存在欺诈行为，因此开始他们热衷的大话骰游戏。公司无法知道这些美国政府部门到底是在虚张声势，还是真的掌握了可靠的信息。它们手上有什么信息？它们是如何获得这些信息的？难道公司有内鬼？这是不是在捕风捉影？美国证券交易委员会于 2011 年启动了一个鼓励告密者揭露其公司非法交易的项目。[2] 这是一个具有诱惑力的项目，因为报酬很丰厚：罚款总额的 10%~30%。在 2011—2016 年，共有 34 个告密者获得了总计 1.11 亿美元的报酬 [3]，“而且不排除这些线人通过其他方式获得另外的酬劳，譬如让情报部门或者美国警方在国际事务中为其提供方便”。[4]

信息本身及其来源并不重要，被盯上的公司无论如何都会陷入困境。搞清楚美国人是否在虚张声势对陷入困境的公司来说根本无济于事。反抗美国奥威尔式的极权主义简直是天方夜谭。在经济情报领域，几乎没有人能够躲过美国“大耳朵”电子监控系统。监控任务都是由美国各调查部门组成一个特别行动小组来联合执行的：美国联邦调查局、美国证券交易委员会、美国财政部海外资产控制办公室，以及美国国家税务局，也就是在

1931 年以逃税的名义扳倒了著名的阿尔·卡彭领导下的芝加哥黑手党的团伙。仅美国联邦调查局就有 800 名特工负责打击腐败，其中包括一个由 30 人组成的特别小组。而联邦警察的工作则是接收美国安全部门和情报部门的消息，其中就有大名鼎鼎的美国国家安全局。

另外，美国情报界在搜集和分析商业情报方面拥有悠久的传统。情报界的一些杰出探员在经济领域的履历相当亮眼：先后在艾森豪威尔和肯尼迪政府时期担任中央情报局局长的艾伦·杜勒斯曾经是一名商业律师，里根政府时期的中央情报局局长威廉·凯西曾经担任证券交易委员会的主席，克林顿政府时期的中央情报局局长约翰·多伊奇在花旗银行工作时遇到了后来在中央情报局兰利总部的同事诺拉·斯拉特金，纽约证券交易所前主席戴夫·多尔蒂之前曾是中央情报局特工，在中央情报局负责经济间谍活动的弗兰克·乔治·威斯纳[5]曾是美国国际集团的副总裁。

面对这些经验丰富的美国信息猎手，各大公司绝无任何躲过“卡夫丁轭形门”① 的侥幸。它们最隐秘的经济勾当终究逃不过美国人的监控。这其实与主动打开水龙头，让信息流入美国情报部门没有什么不同。

---

① “卡夫丁轭形门”是指，公元前 321 年，萨姆尼特人在古罗马卡夫丁城附近的卡夫丁峡谷击败了罗马军队，并迫使罗马战俘从峡谷中用长矛架起的形似城门的“牛轭”下通过，借以羞辱战败军队。——译者注

美国经济情报界蓄势待发

如果没有情报武器，美国打击腐败和制裁违犯经济禁运令企业的效率会大大降低。美国情报部门搜集、分析经济与金融情报的工作臻乎完美，自苏联解体后，世间无出其右者。美国间谍个个都是令人生畏的经济战士，忠实地为美国利益服务。

但这不意味着他们在冷战期间的情报工作不出色，只是当时这并非他们的优先事项，那时他们将精力更多地投入到打击共产主义的事业中。在那个时期，美国各部门之间就已经有了一些共享竞争对手情报的渠道。譬如为美国中央情报局、美国国家安全局，以及由美国国防和安保行业牵线的特别安全官。同时，从1977 年开始，情报联络处成了中央情报局、国家安全局两大情报部门与美国商务部分享情报的桥梁，后来又改名为行政支援办公室。显然，情报联络处将搜集的情报提供给营利机构是不被容许的。但这并不妨碍中央情报局定期在兰利总部组织研讨会，与美国的企业家一起探讨譬如半导体之类的敏感科技话题。总之，中央情报局定期在国内资源部会见美国大型企业的领导人。即使在今天，美国大企业的负责人依旧会欣然前往中央情报局的兰利总部做客。[6]

20 世纪 80 年代初是一个转折点，标志着美国情报部门开始全面参与经济领域的活动。当时的美国总统是当过好莱坞演员的罗纳德·里根。他不享有情报专家的头衔，也不是中央情报局文件的忠实读者。然而，他重新给予了中央情报局一定的自主权，至少恢复了它在水门事件前享有的权限。罗纳德·里根签署的第 12333 号“美国情报活动”行政命令，使情报间谍有借口与美国公司勾结，一起谋划组织海外行动，而且他们无须随时向美国司法部长报告行动进展。里根另外签署了其他两份官方文件（第 12331 号和第 12334 号行政命令），重新启用被前任总统吉米·卡特打入冷宫的情报部门。根据新指令，情报机构可以在非官方部门的掩护下开展秘密行动。

下面这个例子就具有代表性。1982 年，美国国防部副部长弗兰克·卡卢奇与唐纳德·拉姆斯菲尔德（杰拉尔德·福特政府时期的美国国防部长，后来在乔治·沃克·布什政府时期又再次出任国防部长一职）一起加入西尔斯国际贸易公司的领导层。这家公司的运作方式与日本崇光百货公司类似，其价值都体现在搜集商业信息上。西尔斯公司在数年后宣告破产。不久后，谣言四起，声称弗兰克·卡卢奇其实是利用西尔斯公司为美国中央情报局打掩护。卡卢奇亲自打理的西尔斯旗下子公司“国际规划与分析中心”被指控贩卖武器[7]到一些发展中国家。[8]在 1983 年，弗兰克·卡卢奇除了在西尔斯公司担任董事外，还是卫康和公司的领导人。这家私人安保公司耳目众多，刺探情报的方式也极为激进[9]，其在比利时的一家子公司很快被锁定为美国中央情报局在欧洲的延伸。[10]

柏林墙倒塌而经济监控却只增不减

1991 年 11 月 15 日，彼时的苏联即将解体，时任美国总统的乔治·赫伯特·沃克·布什便急不可待地发表了“国家安全审查”NSR–29号文件。该份文件针对美国所有政府部门，汇总这些政府部门各自所需要的信息类型。美国中央情报局和其他情报部门则随时待命，满足它们的需求。NSR–29号文件要求美国情报界继续对苏联的一举一动保持高度警惕，同时监视其他领域的情况。“美国情报界要灵活应对各种问题，从传统的警惕苏联军事力量到眼下流行的环境保护，从经济战争到预防艾滋病等”[11]，监控范围非常广泛。

美国情报部门被要求完成不可能的任务：监测一切并和盘托出。随着苏联解体，“主要目标”“优先事项”“死对头”一夜之间烟消云散。美国特工突然失去了明确的方向，其凝聚力受到威胁。

而1992年3月30日，白宫签署并发布了NSD–67号[12]的“国家安全指令”，这个安全指令为特工找到了新的目标方向。打击腐败与工业科技间谍活动成为美国的最新优先事项。乔治·赫伯特·沃克·布什总统提出了几十年来规模最大的一次情报改革。事实上，这次改革的原因是，美国情报界经过了一个低谷期，其始终无法在冷战结束后的世界里找到自己的正确定位。冷战时期美国中央情报局驻阿富汗特工米尔顿·比尔登解释说：“以前，中央情报局不是一个普通的机构，它是独一无二的，带有神秘色彩。它肩负使命，而且对它来说，这个使命就如十字军东征那般神圣。现在苏联消失了，我们也变得一无所有。我们没有过去，也算不上英雄。我们的功绩本身需要保密。而现在任务完成了，一切都结束了。”[13]

美国情报界在克林顿政府时期彻底被打入冷宫。克林顿上台后未明确指示美国情报工作将何去何从。美国希望享受“和平红利”，减少国家安全事务的财政支出。那该如何处理成千上万的不再适应新时代的美国特工呢？有些情报人员觉得任务已经完成，便退休离开了，也有些情报人员去了私营部门就职。至于情报机构，则必须给它们找点事做。在全球化时代，它们的任务就是监听全球经济发展动态。

白宫不是唯一关注经济安全的机构。美国国会也开始反思冷战结束后情报与安全部门应当在全球扮演怎样的角色。哈罗德·布朗与沃伦·拉德曼领导的委员会负责研究这个问题。该委员会在1994年发布了一份题为“美国情报评估”[14]的报告。该报告不赞成中央情报部门为了美国公司的利益而进行经济间谍活动，但是支持情报部门搜集经济信息。换句话说，只要不是直接使美国公司受益，情报间谍就可以搜集经济、商业、科技等方面的数据信息。这等于允许美国情报部门窃取外国公司和政府的商业机密。

那用什么方法搜集信息呢？这不是问题。只需将“大耳朵”系统的监听目标调整至经济市场中就足够了。1947年，美国及其四个主要盟国（英国、澳大利亚、新西兰和加拿大）组成“五眼联盟”，这是一个情报联盟组织。它们拥有一个代号叫“梯队”的全球监听网络系统，用以渗透苏联及东欧地区。它能够拦截各种媒介的通信情报：移动电话、固定电话、传真、卫星、电子邮件、互联网……在美国，“梯队”系统由国家安全局操纵。随着信息科技的进步,“梯队”系统俨然已成为一个令人生畏且非常高效的全球监听工具。

早在爱德华·斯诺登揭露美国全球监听计划之前,欧洲议会就已对美国的监听行为感到不满,并在20世纪90年代后期发表的两份报告中揭露了盟友美国的商业监听手段:《拦截能力2000——“梯队”及其在信号情报中的作用》[15]和《监听技术的发展和滥用经济情报的风险》。欧洲议员写道:“如果‘梯队’系统仅用于搜集情报,那么它与欧盟的法律没有任何冲突……但是如果滥用‘梯队’系统进行商业间谍活动,这不仅违反了忠诚义务,而且损害了公共市场中自由竞争的理念;如果有成员国实施了这种行为,那么意味着它违犯了欧盟的法律。”[16]

这两份报告的作者感到非常遗憾,尽管采取了种种防范措施,但美国人仍然认为它的盟友是欧洲原子能保障措施的实施者,“山姆大叔”的被窥视妄想症已经病入膏肓,仍旧幻想着到处都是窃取经济情报的间谍。不过,报告的作者在最后还是认可了美国人的疑心病,认为这些经济情报间谍能帮助其他国家打击腐败。至少他们在报告中表现出了深信不疑的样子。“鉴于美国情报部门……以打击腐败的借口拦截公司在贸易往来中的通信记录,而这种做法本身就带有风险:搜集到的信息没有被用于打击腐败,而是被用于偷窥商业竞争对手。即使美国人声称从未实施过后一种行为……”[17]但是报告中提供的一组数字也反映出欧洲议员的担忧:“在临时委员会代表团访问美国期间,有权威消息来源证实了报告内容,在通过非公开渠道搜集到的信息中,有5%

被用于商业目的。预估这种监听行为能帮助美国企业占领大约价值 70 多亿美元的市场份额……”[18]

法国的公司因此被抢过好几单生意。巴西的“亚马孙热带雨林”合同是关于在亚马孙部分区域建立电子监控系统。1994 年，在法国的汤姆逊半导体公司即将与巴西政府签署合同之际，美国国家安全局决定对其实施监听。巴西媒体迅速响应，大肆宣扬法方的行贿企图。法国因此被迫退出价值 14 亿美元的巴西市场，而合同最终落入美国雷神公司囊中。美国情报部门直接干预市场竞争的情形在 1994—1997 年屡次上演：沙特阿拉伯、印度尼西亚、突尼斯、阿拉伯联合酋长国、黎巴嫩、以色列、秘鲁、中国台湾等国家和地区，每次美国公司都能打败竞争对手占领市场，其手下败将包括法国、英国、荷兰、丹麦……

美国人以打击腐败的名义无所顾忌地插手盟友事务。欧洲政治界对此了然于胸，但却不愿大动干戈。因为欧洲议会的数份报告发表于 2001 年初，美国人在这一年过得非常糟糕，华盛顿和纽约在 2001 年 9 月先后遭到两次大规模袭击。欧洲人显然不能在美国盟友讨伐本·拉登极端宗教分子的时候落井下石。

这些欧洲报告证实了美国情报部门前成员的声明。他们公开承认美国国家安全局一直以反腐败的名义，使用各种技术手段监视欧洲企业。美国中央情报局前局长詹姆斯·伍尔西（1993—1995 年任职）于 2000 年 3 月 17 日在《华尔街日报》开了一个评论专栏。评论专栏的标题足以说明一切：“为什么我们要暗中监视我们的盟友？”答案虽简洁，但却直接：“是的，亲爱的欧洲大陆朋友，我们监视你们是为了遏制你们的行贿行为。你们公司的产品与美国的竞争对手相比，要么成本高昂，要么技术落后，或者两者兼有。因此，你们经常为了拿下合同而行贿。”美国中央情报局前首席间谍官夸张地讽刺欧洲人反应迟钝，声称欧洲的守护神是让–巴普蒂斯特·柯尔贝尔，而美国的守护神则是亚当·斯密。前者让欧洲陷入腐败的深渊，而后者则带来了冒险和创新精神！

在担任中央情报局局长期间，詹姆斯·伍尔西一直将经济情报作为重中之重。1993 年，他一上任就加强了经济情报的搜集工作，将情报联络处改名为行政支援办公室。创建于 1977 年的情报联络处负责归纳整理来自中央情报局和国家安全局的经济情报，这些情报帮助美国商务部官员加强对世界经济趋势的了解。[19]

詹姆斯·伍尔西在 1993—1995 年领导中央情报局期间发起了至今仍在运作的三个重要项目。首先，他参与建立了宣传中心，这是一个在美国主要政府部门中以捍卫国家经济利益为目的，用来搜集和共享情报的网络，包括美国商务部、美国财政部、美国国防部。其次，他撰写并发布了美国《国家工业安全计划》[20]，保障私营部门安全访问分级的工业信息。最后，他与其他部门人员一起创立了美国国家反间谍中心，主要负责经济领域的反间谍工作。2002 年，他又在此基础上建立了国家反间谍执行局，专门搜集和分析可能会威胁到美国国家利益的商业、工业和科技情报。2000 年，美国国家反间谍中心发布过一份关于美国受到的经济威胁的年度报告。但近年来，美国国家反间谍执行局的报告产出很少。难道美国间谍担心会透露过多的信息给他们的敌人吗？美国国家反间谍执行局的最后一份报告发布于 2011 年。在 2014 年，美国国家反间谍执行局更名为美国国家反间谍和安全中心，进一步加强打击经济间谍活动："今天，外国情报部门、犯罪分子以及公司间谍都对美国工业虎视眈眈……我们的敌人使用传统的情报技术对付处于弱势的美国公司，同时越来越多地利用'数字环境'渗透我们的经济命脉，这是一种快速有效且可靠的方法，因为、'数字环境'几乎涵盖了所有重要的商业和科技信息。他们不遗余力地破坏美国的知识产权、商业机密，以及关乎美国国家安全的科技发展。针对私营部门的间谍活动已经对美国的长期繁荣造成了威胁。"[21]

面对这些威胁，美国人开始采取行动。他们通过立法来防范那些觊觎美国企业的技术和商业秘密的人。1996 年通过的美国《经济间谍法案》和《经济安全法案》均旨在保护美国企业的商业秘密、技术专利和机密的经济信息不被外人窃取。违法者将面临 50 万美元罚款和 15 年监禁的风险。[22]

一边进行经济间谍活动，一边保护美国国家经济安全，双管齐下，"山姆大叔"的这套机制真是毫无漏洞。美国安全部门和情报部门暗中监视市场，搜集并分析情报后，再将其提供给司法部门。20 多年来，它们的监视目标主要是欧洲的银行和跨国企业，而美国企业从来就不是它们的打击对象。

斯诺登事件后的低谷时期

在信息数字化时代，美国人可以不受任何限制地监控市场。欧洲领导人虽然对此有所怀疑，但却苦于没有证据，直到一个告密者站出来现身说法,才让欧洲的精英领导人接受现实。2013 年，美国中央情报局和国家安全局前雇员爱德华·斯诺登为这一敏感的猜测添上了确凿的证据。他曝光的机密文件证实了美国所进行的大规模间谍活动。移动电话、固定电话、电子邮件、传真、短信、互联网……没有什么可以逃脱美国国家安全局的监控范围。美国对此供认不讳。从奥巴马竞选总统时喊出的著名口号“Yes,we can”（是的，我们可以），我们可以立刻联想到“Yes,we scan!”（是的，我们在监视你！）。白宫回应称，这是为了美国的国家利益和国际安全着想，其目的是打击恐怖主义和全球犯罪。

恐怖主义成了替罪羊，其实只要仔细想一想，就会发现真实的版本。追捕本·拉登与监听欧洲、巴西等国家领导人的私人电话之间有什么联系吗？这纯属无稽之谈。专家一致认为，美国国家安全局只分配了 35% 的资源用来打击恐怖主义，那剩下的 65% 则是用于搜集政治、军事和经济情报。“在 20 世纪 90 年代，情报部门遭遇了低谷。美国白宫和中央情报局接到乔治·赫伯特·沃克·布什总统的命令，为国家安全局重新设定新的防御与攻击目标。经济间谍活动成了美国的优先事项，除了搜集关于外国竞争者的经济情报外，还要追捕腐败分子、监听商业信息。”[23]

在爱德华·斯诺登泄露的文件中，我们可以发现美国情报部门的目标公司名单上赫然列着美国公司的直接竞争对手：巴西石油公司、石油输出国组织、欧洲飞机制造商空中客车、法国航空航天军工集团泰雷兹……众所周知，所有这些公司都与伊斯兰国家有着密切的经贸往来！

我们甚至从这位前秘密特工身上得知，美国国家安全局内部有一个特别部门，专门负责监控全球金融交易。这个金融情报部门代号“碟火”，美国间谍通过“碟火”搜集了70多家银行客户信用卡中的机密信息。全球8 000多家金融机构都使用SWIFT系统来完成金融交易，尽管欧盟已经与美国签订协议共享SWIFT系统的信息，但美国国家安全局还是启动了一个特别项目，直接获取这家总部位于比利时的国际合作组织的所有信息。“当然，所有项目机制都是以打击洗钱、恐怖主义、贩卖武器和毒品等名义进行的。”[24]

爱德华·斯诺登曝光的美国国家安全局的其他官方文件显示，美国在监控法国各领域公司的交易活动：电信、能源（天然气、电力、石油、可再生能源、核能等）、健康与环境、交通、建筑。[25]美国国家安全局搜集了法国公司和银行正在谈判的价值超过2亿美元的所有合同与投资信息。

最糟糕的是，有些国家直接引狼入室。法国就使用美国的安全技术作为国家机密的载体。2016年以来，法国内政部安全总局一直使用美国帕兰提尔科技公司开发的一个软件来搜集、存储与分析情报。帕兰提尔科技公司是一家大数据分析软件供应商，由美国中央情报局旗下的风险投资公司IQT投资。[26]公司名字的灵感来自约翰·罗纳德·瑞尔·托尔金的史诗级作品《魔戒》中的“真知晶石”。IQT公司与美国情报界关系甚密，其主要客户有美国中央情报局、国家安全局、联邦调查局，以及美国海军部队、空军部队和特种部队等。一位法国前内政部长承认：“如果没有美国人的支持，我们无法深入开展情报工作。正是他们恢复了2015年11月13日巴黎恐怖袭击事件始作俑者删除的医疗报销单。”[27]这说明了美国情报工具的高效。不仅仅是法国国内情报的机构，诸如空中客车等欧洲企业也同样喜欢使用帕兰提尔科技公司的大数据分析软件。

从里根到特朗普：经济战争的总指挥

无论是来自共和党还是民主党，美国领导人都会毫不犹豫地监听市场信息。苏联解体后，美国的优先事项就变为维持其在政治、军事和经济方面的世界领先地位。从里根到奥巴马，所有的“白宫租客”都认同美国前国务卿马德琳·奥尔布赖特的观点：“美国是一个不可或缺的国家。”[28]

与比尔·克林顿1992年的竞选伎俩如出一辙，唐纳德·特朗普凭借复苏美国经济的口号，赢得了2016年美国大选。他上台后做出的头两个决定都是有关经济的：一是美国退出《跨太平洋伙伴关系协定》，二是冻结与欧盟就大西洋贸易协定的谈判。唐纳德·特朗普既反对不受节制的自由贸易，也不相信多边贸易主义。他的信条是双边主义，即狭路相逢勇者胜。于是，在入主白宫几个月后，他动摇了全球经济关系的稳定性。这个亿万富翁为自己设定了一个很简单的目标，但为了实现它，他将实施一个并不简单的计划。他的目标是捍卫美国的经济利益，而他的计划是回归贸易保护主义。在 2017 年，美国人抱怨美国的贸易逆差创历史新高，总额高达 5 670 亿美元，其中与中国的贸易逆差占了很大比重（3 750 亿美元[29]）。然而，其实美国远没有到破产的边缘，而且美国的宏观经济一派向好：通货膨胀率控制在 2% 左右，失业率维持在最低水平（4.1%）。所以，美国人民并没有生活在水深火热之中，只是唐纳德·特朗普嫉妒其合作伙伴在经济上取得的巨大成功：欧盟、德国，还有中国。

特朗普认为美国公司遭受了不公平的待遇。他认为其竞争对手受到其国家的过多保护，甚至包括政府补贴。在他看来，外国公司是不遵守全球化规则的卑鄙小人。他在 2018 年 3 月 1 日向美国国会提交的《2017 年度贸易报告》中提到了这些问题。“美国不会再对各种违法行为、欺诈行为与经济侵略行为睁一只眼闭一只眼了。为了实现我们的目标，我们的贸易政策将利用一切可能的手段和方法，来维护我们的国家主权并加强我们的经济建设。”[30] 这份奠定美国贸易理念的官方文件指出，美国人将会采取一切措施来保障“美国制造”的地位，甚至包括单方面的行动。这是对他们的合作伙伴、竞争对手以及敌人的警告：美国将加强立法，打击世界各地的经济欺诈和经济侵略行为。唐纳德·特朗普热衷于贸易战，而且他认为美国能轻易获胜。[31]

中国感到自己被特别针对不足为奇。由于特朗普政府惧怕中国经济的崛起，中国常常成为总统顾问的攻击对象，其中包括彼得·纳瓦罗，这个人是对华战略中“鹰派中的鹰派”。中国被指责利用多边贸易体系不公平地从美国手中夺走大量的市场份额。美国还指责中国过度保护其国内市场，甚至窃取美国公司的秘密技术。最终，特朗普于2018年3月正式向中国出口至美国的商品加征关税。[32]

与此同时，美国政府宣布加强对外国投资的监管机制。虽然这套新机制面向所有国家，但中国仍旧是其主要目标。该机制主要是强化美国外国投资委员会的调查手段。该委员会负责监管外国投资事宜，若外国企业想要收购美国企业，就需要征得它的同意。美国外国投资委员会保护的公司都或多或少与国家安全相关——国防、能源、交通、电子等。美国外国投资委员会的成员来自美国商务、能源、国防以及国土安全等部门。该委员会自1975年成立以来，几乎没有处理过什么案子，也没有行使过否决权。[33]但只要它表示对某项并购案有兴趣，就足以让潜在买家立刻打消收购念头。下面这个案例就证明了其强大的影响力。

2017年，美国政府禁止中国投资莱迪斯半导体公司，2018年3月，美国外国投资委员会反对博通公司公开标价收购美国另一个半导体巨头高通公司，就因为博通公司总部位于新加坡！“离中国太近，这会对美国国家安全构成极大的威胁。”特朗普在2018年3月12日发布的行政令中如此解释。[34]这是史无前例的奇闻，因为从未有一个国家在两家公司达成协议之前就介入交易并叫停收购协议的。

尽管美国外国投资委员会的运作已经具有强大的效力，但美国议员[35]仍想给予美国外国投资委员会更多的权力。它希望扩大委员会在经济部门的监管权限，同时将合资企业和少数股东也纳入其监管范围。因此，2017 年 11 月，《外国投资风险审查现代化法案》被提上日程，并在 2018 年 8 月 6 日经特朗普总统签署正式生效。[36]它给予美国国家情报总监办公室的情报间谍更多调查案件的时间。美国商务部长威尔伯·罗斯表示："这是为应对中国前所未有的投资增速而做出的恰当反应。"[37] 2018 年 6 月底，美国甚至想禁止中国人持股 25% 以上的公司投资美国的科技领域。

"这项法律具有强大的和潜在的域外管辖效力，"说客帕斯卡尔·迪佩拉是战略领域的专家，他表示，"实际上，美国《外国投资风险审查现代化法案》授权美国总统和美国外国投资委员会干涉其盟友和经济合作伙伴的决定，迫使其也配置类似的监控机制，从而方便与美国机制间的相互协调。这还不算一种域外法权，但是从域外法权的历史沿革来看，这在一定程度上就是其前奏。美国《外国投资风险审查现代化法案》带来的第一个后果就是，将外国投资项目置于美国人的监管之下，甚至包括在美国境外实施的投资项目。"[38]该法案的依据是爱思强收购案，美国立法者将它写入法律，使其具有普遍效力。爱思强是一家制造半导体生产设备的德国公司，在美国加利福尼亚州有一家子公司。它发展的尖端科技可用于制造激光武器、天线和雷达。爱思强在 2016 年陷入困难时期，中国宏芯投资基金提出以 6.7 亿多欧元收购该公司。然而，时任美国总统奥巴马以国家安全风险为由，在2016年12月4日发布行政命令，禁止该公司收购爱思强公司位于加利福尼亚州的子公司。原本德国联邦经济部已经批准了这件商业并购案，但由于美国方面施压，德国人被迫放弃了这项并购计划。[39]

《云法案》：一部旨在获取数据信息的法案

在美国参议员看来，为了巩固美国经济至上的地位，应做出另一个“恰当反应”——通过一项极具侵略性的法案，使美国人能够更便捷地跨境调取他国公司和个人的隐私数据。这项金融法案由共和党议员和民主党议员共同通过，规定美国司法部门可以直接访问美国云计算服务提供商的服务器数据，无论数据是存储在美国境内，还是存储在海外任何角落。2018年3月23日，由唐纳德·特朗普签署并通过该法案，其全称为美国《澄清合法使用境外数据法案》，又称《云法案》。从那以后，美国当地警方以及联邦安全和情报部门能够访问微软、脸书、亚马逊、谷歌等公司服务器上的所有信息，而且是在没有通知主要当事人的情况下。

奇怪的是，硅谷的科技公司竟然对《云法案》的出台表示很满意。在2018年2月6日寄给奥林·哈奇、林赛·格雷厄姆、克里斯托夫·孔斯和谢尔登·怀特豪斯等参议员的一封信中，谷歌、脸书、苹果和微软等公司表示支持这项法案，认为“其反映了保护全世界网络用户安全的重要共识。这项法案是迈向保护个人隐私权的重要一步”。[40] 这些互联网巨头关心的是对个人隐私的保护，而这些参议员考虑的则是国家安全。

美国《云法案》刚好填补了大数据领域的法律空白。2014年，微软拒绝向美国司法部提供存储在爱尔兰服务器上的电子邮件数据。它认为美国的法律在境外并不适用，因为美国司法部发出的搜查令只在美国境内有效。这个官司一直打到美国最高法院，最后得出的结论是，美国《存储通信法案》不适用于存储在海外服务器上的数据，因而有必要制定新的法案予以规定。于是，《云法案》应运而生，美国国会声称该法案的出台是为了“打击严重犯罪”[41]。这个概念宽泛模糊，能作为任何入侵数据库行为的正当理由：打击恐怖主义及资助恐怖主义的行为、打击黑手党和犯罪集团，以及打击欺诈和腐败。

换言之，它打开了全方位监控的大门。这意味着如果美国联邦调查局、中央情报局，以及市场监督和监管等部门要求云计算服务提供商提供信息，它们无权拒绝。它们甚至要在没有告知用户的情况下，将其数据提供给美国相关部门。除非其用户在与云计算服务提供商的合同中加入一项特别条款要求它们在访问前提前告知。

那么，云计算服务提供商可以拒绝向美国当局提供数据吗？针对这种情况，美国《云法案》规定必须满足两个条件。第一，用户（个人或公司）必须是“非美国人”，也就是说与美国没有任何联系。第二，向美国情报部门提供信息违犯了用户所属国家的法律，而且该国必须是“合格的外国政府”，即已经与美国签署了“执行协议”的政府。截至2018年夏天，还没有一个国家与美国签署这样的协议。值得一提的是，这两个前提条件交由一位负责解决云计算案件的法官来审议。奥利维尔·多尔冈律师称：“这授予法官很大的裁量权，他要自行评估美国利益风险处在哪种范围内，以及这个风险是否可以作为强制云计算服务提供商执行美国司法部门命令的理由。”总而言之，美国人仍旧是游戏的主宰。

一方面，《云法案》的通过意味着美国人违背了国际司法协助方面的承诺；另一方面，《云法案》又与欧洲旨在保护欧洲公民个人数据的法律相冲突。而这些背信弃义的行为对美国当局来说算不上什么。

多尔冈律师表示：“这项法律是一个规避条约的新工具，确立了各国在刑事、民事与商业案件调查的范围内交换数据的框架。”它取代了美国与其合作伙伴签署的信息交换协议，因为美国人认为后者规定的程序太慢了。美国《云法案》通过后，他们能够直接访问跨国互联网公司的数据库，而这触发了信息交换协议中规定的保留条款，譬如禁止提交可能会损害国家安全、主权或重要利益的信息。

美国《云法案》同时还与《海牙公约》存在冲突。[42]根据《海牙公约》的规定，各国可通过签发国际调查委托书交换贸易和经济信息，而且一国可以拒绝提交可能会损害其主权的信息。[43]美国《云法案》根本没有把《海牙公约》放在眼里。它对1968

年的《封锁法》同样不屑一顾，尽管该法令禁止任何人未经司法援助的法律程序就对外提交商业和经济信息。

那么，欧盟最近出台的《通用数据保护条例》意味着什么呢？这部知名的欧洲法律在2018年5月25日正式生效，尽管其背后的推动者声称它是世界上最能保护欧洲公民个人数据的法律文本，但它却完全不能抵挡《云法案》的入侵。很多互联网巨头将其公司的数据存储在欧洲，认为这样就能避免受到美国的监控。它们真是大错特错。实际上，存储在美国服务器上的欧洲人的数据反而受到欧盟与美国《隐私保护协议》的保护。这份在2016年签署的协议取代了之前的《安全港协议》。奥地利的一位法律专业的学生马克斯·施雷姆斯，因为特别担心个人数据被非法使用而向有关部门提出诉讼，最终2015年欧洲联盟法院裁定《安全港协议》无效。欧盟法院发现，即使爱德华·斯诺登揭露了美国国家安全局的全球监听计划，也无法保障欧洲公民的个人数据信息安全。《隐私保护协议》在美国《云法案》面前算得了什么呢？简直是螳臂当车。尤其是美国当局似乎也没有履行协议中的义务，因此欧洲议员在2018年6月中旬提议中止该协议。

美国《云法案》与保护数据安全的整个欧洲法律框架背道而驰。欧盟承诺会对此做出回应。欧盟委员会拟制定一项有关获取刑事案件电子证据的新条例。[44]它会借此机会与跨大西洋盟友彻底了断吗？

13. 腐败，一种过时的做法！

当美国情报部门密切监视外国企业的商业行为时，美国的跨国企业拿下了一个又一个大合同。这是否意味着美国企业都是高尚正直的？难道它们不再为了开拓市场进行商业贿赂了？没人知道答案。多年来，法国经济情报专家一直提议对这个问题进行调查，揪出不守规矩的美国企业。但无论是法国政府还是法国本土的跨国企业（空中客车、威立雅……），都不愿下令或执行这样的任务，深恐得罪美国人。“这很遗憾，”一位多次为政府和企业提供服务的经济情报专家表示，“这本书可以成为我们的‘弹药’，让我们在和美国人谈判时有更多的筹码。可以告诉他们，我们已经准备好了——他们的公司也应该来向我们的检察官做解释。”[1]

为何有必要进行这样的调查？这是为了证实美国企业正在实施新一代的腐败行为，却尚未被任何国家的政府和公共机构发现。同时，也有必要深入分析它们采取的策略——老谋深算而又不为人知。正是因为这些企业已经占据了主要市场，所以它们的手段看上去就更加隐秘，仿佛并未违犯法律。这些手段围绕着一个公共或私人轴心精密地运转着，可以帮助公司在投标消息公布前就探听到风声，并从源头上施展手腕、施加影响，从而为公司赢得大笔订单，效果极其显著。

政府机构

20 世纪 90 年代以来，美国的首要任务不再是对抗共产主义，而是捍卫自身的经济利益。1992 年，美国国会通过了《出口增强法案》，旨在加强美国的出口，其序言表明，贸易出口是美国经济的重要组成部分。这部法案创设了美国贸易促进协调委员会[2]——一个私营部门与联邦政府之间共享信息的平台。这个平台集中了美国国内众多与商品和服务出口相关的重要部门（或部委），如美国国防部、商务部、财政部、内政部、能源部等，此外也包括了美国国际开发署和美国进出口银行等在内的其他机构。

美国贸易促进协调委员会的核心是倡导中心，它为美国公司占领海外市场提供支援。在美国商务部的领导下，倡导中心评估各个市场的潜力，检验其是否符合美国的利益，协调美国国内各方渠道搜集客户和竞争对手的信息，并将这些信息提供给美国企业。倡导中心可以动员所有的美国官员，无论其属于哪个部门。它还拉拢议员和驻外大使，要求他们支持“美国制造”，甚至连总统本人都会被要求给外国首脑打电话，为美国订单争取一些优待。最后，倡导中心还资助美国企业在国内和国外的宣传活动。

当红灯亮起——一家外国企业即将赢得一份大合同时，倡导中心就变成了一个作战指挥中心。此时，其内部的 16 个情报机构就要发挥作用了。这些机构施展手段，各显神通，窃听外国贸易代表团的对话，并揭露可能存在的腐败行为。

美国国家经济委员会是这个联络网在政府分支中的另一个重要组成部分。国家经济委员会由时任美国总统的克林顿于1993年1月25日建立[3]，在相关领域中非常活跃。该委员会向总统提出制定经济战略的建议，旨在长期维持美国经济霸权，并协调国内和国际经济政策，确保总统制定的目标与各部部长的决策目标相一致。该委员会成员包括若干主要部长（国务卿、商务部长、财政部长等），也包括国家安全顾问以及负责科学技术的同级别顾问。因此，美国国家经济委员会就像是一个经济层面的国家安全委员会（后者主要负责监督国家安全）。

1966年，白宫通过在国际贸易管理局内部设立市场准入和合规部门，强化了这一机制。国际贸易管理局是美国国务院下属机构，它负责监管所有的国际贸易协定（截至2016年已缔结超过250项），并谴责不遵守协定的企业和国家。2001—2005年，威廉·H.拉希三世曾牵头领导这一部门，美国政府还委托他负责重建阿富汗和伊拉克，并在重建过程中确保美国企业能够被优先考虑。此外，贸易合规中心还邀请美国各企业向其报告它们在国际市场上面临的所有不公平的贸易壁垒，如关税壁垒、滥用规章、欺诈、腐败等行为。

2004年，乔治·沃克·布什总统继续为这一体系添砖加瓦。倡导中心变更为受美国国际贸易管理局管辖。它和美国外国商业服务局协同工作，是国际贸易管理局在国外的耳目。美国外国商业服务局并不是一个新面孔，它创建于1897年，设立时的使命是为美国进入全球市场铺平道路。至少，这是参议员阿尔伯特·J.

贝弗里奇（1899—1911 年在任）最初的愿景：“世界贸易必须是，也肯定是属于我们的。”

美国与外国商业服务局最初是美国国务院的下属机构，1979 年改为由美国商务部进行管理。超过 2 500 人在这个机构工作，其中一部分人员是分别驻扎在 75 个国家、100 多个城市的外交官。他们为美国企业开拓海外市场保驾护航。2013 年，美国与外国商业服务局自夸曾促成超过 18 000 笔交易，为美国企业节省了数十亿美元的开支。

乔治·沃克·布什总统的另一重要意图是，让美国的高级官员常驻倡导中心，负责管理各大型开发银行（世界银行、亚洲开发银行、非洲开发银行等）。这样做的目的是，从这些大型出资者处获得有价值的信息，并引导它们向美国企业慷慨解囊。

美国商务部并非唯一参与支持美国出口工作的部门。美国国务院的外交官有两个办公室负责指挥全球贸易进攻战。美国商业事务办公室帮助美国企业发现最佳市场，协助它们进入市场及应对诉讼。美国情报研究局则负责搜集各种情报，尤其是通过情报和文件处开展工作。后者主要为美国国务院搜集情报，并与美国其他情报机构互相协调沟通开展工作。

可别忘了五角大楼——依靠其下属的各个办公室，国防部事无巨细地搜集和分析各类情报，这些情报常常涉及某一市场或某一国家的关系网，以及大权在握的关键人物。五角大楼通过美国国防安全技术管理局、国防安全合作局、武器转移政策审查小组等部门开展工作，严密保护军事技术机密，确保负责美国国防事务的企业永远不会被外国收购，并制定占领军用技术市场及军民两用技术市场的诸多战略。美国国防安全合作局在各个外交大使馆都派驻了专员，与商务部工业与安全局进行密切合作。美国国防安全技术管理局同样与商务部工业与安全局进行合作，为美国外国投资委员会提供咨询建议，决定应当准许还是阻止外国投资者在美国进行投资。

有了这样一张遍及全球市场的网络，以及对于各市场参与者的精妙了解，采取腐败行为完全是多此一举。对于美国企业而言，只要敲对了门，就能获得情报、建议，乃至实打实的支持。更不用说，政府人士和私营企业之间还定期组织会面。以美国国防部为例，实业家与国防政策咨询委员会时常互通有无。美国国防政策咨询委员会针对双边及多边贸易谈判问题向美国国防部长提供建议，并参与制定颁发出口许可证的具体流程。在美国国务院内部，大企业的高管聚集在国防贸易咨询小组，就军火销售立法问题阐述他们的想法和建议。而如果他们在向某些国家出口产品时遇到了麻烦，或者在开拓某国市场时需要一点帮助，那么美国商务部的大门永远为其敞开。

私营机构

为了理顺企业与行政部门之间的关系，美国设立了许多智库。这些智库就像是一个个“创意箱”，汇集了高级官员、政界人士、大学学者、军方人员、记者、情报界人员和企业主。这些圈子的成员聚在一起，针对全球局势交流观点、传递信息，并分享各自通讯录中的联系人。这些智库往往由已退政治家牵头领导，定期发布有关地缘经济和地缘政治重大问题的报告。对这些政治家来说，这是个好机会，可以在进入大公司担任要职前稍作休整。这些智库是美国企业和行政部门进行沟通的中枢，共同制定各类战略，维护美国的政治和经济利益。某些智库发挥着至关重要的政治作用，例如创立于 1962 年的战略与国际研究中心，该机构由中央情报局前副局长雷·S. 克莱因提议建立，支持尼克松和里根的竞选活动。安全政策中心则主要负责支持乔治·沃克·布什的竞选活动及其政策实施。

这些智库也对经济活动发挥着作用，它们承载着美国企业的关切和议程。美国对外关系委员会和国家对外贸易委员会在全球化进程中传播美国的价值观。当多边贸易机制运行不畅时，国际经济研究所[4]或科德尔·赫尔研究所则站出来鼓吹双边主义的优势。假如美国跨国公司需要国外联络人该怎么办？可以求助传统基金会、太平洋论坛、亚洲协会等机构。这些智库甚至还帮助美国企业与处于美国外交"瞄准镜"中的国家做生意，例如传统基金会、美国伊朗关系理事会等。奉行新保守主义的传统基金会在亚洲尤其活跃，特别是在韩国和中国投入了大笔资金。[5]最后，如果想要建立大西洋彼岸的关系网，美国企业可以求助美国大西洋理事会，它与国务院和商务部的关系非常紧密。

相较于一般的智库，某些智库更为专业化，专注于政府部门和企业之间的沟通。21 世纪前 10 年，有两个主要机构在这一领域脱颖而出。首先是 1983 年由两位美国大使和约翰・杰伊・麦克洛伊共同创立的美国外交学会。麦克洛伊曾经是一名银行家，在参议院外交事务委员会中享有极高的威望。在遴选和提名大使时，他的意见至关重要。美国外交学会的成员都是在华盛顿最具声望的头面人物，站在一起就是一部现成的美国《名人录》，他们卸任后进入私营企业界，并为企业提供咨询服务。这些人物包括，曾任美国国务卿的亚历山大・黑格、亨利・基辛格、马德琳・奥尔布赖特，曾任副国务卿的理查德・李・阿米蒂奇，以及曾任国家安全顾问的桑迪・伯杰。

另一个非常活跃的机构是国际谅解商务委员会，该委员会于 1955 年应艾森豪威尔总统的要求设立，旨在提高美国企业对国际问题的关注和认识。1992 年，美国国务卿劳伦斯・伊格尔伯格要求国际谅解商务委员会对美国大使进行培训，以便开拓海外市场。国际谅解商务委员会领导着美国大多数军火制造企业，如波音公司、雷神公司、诺思罗普・格鲁曼公司，此外还有 IBM（国际商业机器公司）、摩托罗拉公司、亚致力公司等。

智库、行政部门、企业、情报机构……为了帮助美国最大限度地牟取经济利益，这些机构倾巢而出。怎样才能应付这样规模庞大的经济战机器呢？难如登天！与空中客车一样，许多企业都是在付出惨痛代价后才学到这一课的。

2002 年 7 月，中国台湾的中华航空公司宣布，将选择一家欧洲供应商以更新其民用机队。因为空中客车在技术和财务实力方面都更加出众，所以波音公司在这场商业战的第一回合就败下阵来，但它并未就此放弃。相反，波音公司启动了政治接力，开始进行反击。

波音公司发动了自己所有的关系网，迫使中华航空公司改变决定。美国国务院副国务卿理查德·李·阿米蒂奇是波音公司负责销售的副总裁拉里·迪金森的私交好友，作为美国外交领域的二号人物，阿米蒂奇非常了解亚洲，因为他在担任美国中央情报局特工时曾在亚洲境内进行过大量走访。随后，他通过自己创办的阿米蒂奇咨询公司成为波音公司的一名说客。[6]还有三人也发挥了关键作用：美国国务院东亚地区负责人、美国战略与国际问题研究中心太平洋论坛前主席、美国国家安全委员会亚洲事务处前处长詹姆斯·凯利；供职于美国国防部并担任传统基金会亚洲事务主管的彼得·布鲁克斯，他也曾是中央情报局的成员；美国在台协会的道格拉斯·帕尔，他同样曾是中央情报局的成员。

华盛顿和各智库纷纷行动起来，向其他国家和地区传递一个简明而有力的信号：选择波音公司，就等于获得了美国的保护。弦外之音是，选择空中客车就会失去美国的军事和政治支持。很明显，对某些国家和地区而言，它们对这些手段毫无招架之力。如果美国人不能在他们所希望的“公平和忠诚”的经济竞争中享有一席之地，那么一切都完了。

特朗普总统上台后，连智库也变得多余了：特朗普政府会直接向各国元首或政府首脑施压，要求他们支持美国企业。一个典型的例子是伊拉克的电力市场。2018 年 9 月，伊拉克政府有一份标的额达 150 亿美元的巨额合同，当时其最青睐的候选者是德国西门子公司。但是特朗普政府毫不犹豫地向伊拉克政府施压，要求其拒绝德国的报价，将订单留给美国通用电气公司。美国方面居然宣称这个要求是“代表2003年以来在伊拉克牺牲的7 000名美国士兵提出的”！[7]

发挥余热的外交官

精英在各个权力圈子之间的流动是为美国霸权服务的一张王牌。先在政府或高层部门工作一段时间，然后进入企业，再到大学教几年书，然后再进入非政府组织或智库。这种职业轨迹是绝无仅有的。这一体制所具备的高度流动性非常值得注意。20世纪80年代起，另一种职业机会出现了：咨询行业。这一时期，政府前雇员纷纷开始建立自己的国际咨询机构，不仅为企业提供服务，也帮助美国政府制定和调整国际战略。这一切是怎么实现的呢？只要打开通讯录就行了——不费吹灰之力，就有几百万美元进账。

美国外交领域的几位“老狐狸”促成了这一构想的实施：前国务卿、国家安全顾问亨利·基辛格；里根总统任期内短暂地担任国务卿的亚历山大·黑格[8]；前国家安全顾问理查德·V. 艾伦。但这一领域的所有荣耀都应当归于当之无愧的霸主和先驱者，美国外交领域的“雄狮”——亨利·基辛格。基辛格联合咨询公司成立于1982年，其创始人基辛格拥有丰富的经验和广阔的关系网，并且还在美国外交领域拥有几乎最长的职业生涯。这家公司专注于东南亚和中国业务。基辛格同时还是保险业巨头美国国际集团的董事会成员，并与亚洲最大的审计公司之一 SGV、英国经济情报公司哈克路特进行合作。基辛格的声誉和周旋能力吸引了许多负有盛名的客户：可口可乐、IBM、菲亚特、埃克森美孚、波音、默克、摩根大通……

20 世纪 90 年代初，亨利·基辛格取得的巨大成功启发了美国精英的职业路径，其后继者包括：理查德·李·阿米蒂奇（阿米蒂奇咨询公司）、布伦特·斯考克罗夫特（斯考克罗夫特集团），卡拉·希尔斯（希尔斯事务所）等。随后，2000 年起又出现了一股新浪潮：威廉·科恩（科恩集团），桑迪·伯杰（石桥国际公司），马德琳·奥尔布赖特（奥尔布赖特咨询公司）……

这些美国前高层政治家在世界各地纵横捭阖，捍卫美国的经济利益。他们借此机会搜集了成千上万条情报，并将这些情报分享给他们在政府部门和情报机构的联系人。

经济合作与发展组织公约的新世界

自 1997 年经济合作与发展组织的《反贿赂公约》签署后，全球范围内建立起了新的经济框架。开拓市场的老办法已经完全过时了。自此之后，如果没有能对他人施加影响的有效措施，做生意就会变得举步维艰，甚至完全被拒之门外。如果没有行政部门、非政府组织、智库和咨询公司共同织就的庞大的重要人物关系网的支持，就不可能拿下任何大额合同。这种新环境对美国企业格外有利，它们坦然地栖息在自己长期以来竭力打造的全球关系网中。而欧洲企业却因为不曾预料到这种变革，在适应全新的地缘经济局势时，遇到了许多困难。

忘记陈腐的商业策略吧！企业不能止步于仅在本国销售产品和（或）服务，并维持生产和研发；它们不能再从位于巴黎、柏林、马德里或阿姆斯特丹的总部控制全球市场了。它们必须放弃曾经使用的市场调研、发现商机、识别关键人物等过时的商业手段。

是时候开始思考新的商业战略了。市场竞争已经变得越来越激烈，企业必须不断关注市场的变动，不能错过哪怕最微弱的信号，因为任何一个信号都有可能预示着日后的大好机会。为了赢得充足的订单，公司必须找到位于目标市场核心的合作伙伴，与它们签订生产和（或）研发协议，考虑进行联合经营，甚至是并购。

“积极主动，从源头上发挥深层影响。”这就是美国在新千年来临之际对商业战略方针的总结。[9]这种方针主要体现在四个方面：政策、标准、规章和公民社会。这意味着仅仅关注商业机会的被动商业模式已经过时了。成功的企业必须具有广阔的视野，对社会环境非常敏感，并且能自行制造“依存关系”，如本地投资政策、合营生产、技术转让、共同研发等。[10]简而言之，企业必须通过远远超出其传统使命的干预行为来制定政策，以便为自己的产品和服务培育市场。企业已经迎来“观念政治”时代，这一术语最早在20世纪90年代末由美国五角大楼智囊团兰德公司的研究人员提出。[11] 观念政治是控制知识的艺术，它使知识为权力服务。观念政治时代的来临意味着企业需要全面参与商业外交活动。[12]

观念政治使父辈们的商业腐败行为完全过时了。如今，依靠与本地精英领导人的紧密联系，企业仅需开口要求最好的市场便可。“很明显，这是政治家、公务员和企业家之间的一种新的利益形式，不涉及金钱往来——通过对经济基础的部分接管，再加上直接影响国家金融稳定的能力（尤其是通过对冲基金和媒体的影响力），便可以形成强大的力量。”[13]

为了优化全球商业网络，有时需要金融从业者的协助，或者更确切地说，共谋。在间接控制某个公司甚至某个市场时，需要在很大程度上保持隐秘，以避免引起怀疑。例如，金融合作伙伴可能会被分派到去控制目标公司或其分包商的银行的任务，它还可以为希望重塑行业竞争力或在关键领域进行投资的国家提供咨询服务。为了避人耳目，这类经济干涉往往发生在私募股权行业，也就是非上市公司内部。因此，从20世纪90年代末至21世纪初，先进技术领域（航空航天、国防、能源、生物技术、交通等）的非上市公司逐渐成为美国投资基金的首选目标，这些基金当中就有令人担忧的凯雷投资集团。

凯雷投资集团：一只威胁性的投资基金

进入21世纪后，美国投资基金的活动逐渐令法国人感到担忧。2005年，法国国防部就此问题组织编写了一份报告。“继金普斯事件[14]之后，收购德国造船厂HDW似乎证实了一个假设，即美国制定了一种‘有意征服和控制欧洲民用和军用领域的关键工业企业的战略’[15]。”研究人员提出了一个核心问题：这些美国基金的行为是否意在破坏法国的经济利益？“似乎并非如此。”报告作者给出了这样的回答。但是当阅读这份报告时，你会产生一种与这个结论相反的感觉。尤其要注意在这份报告的结论中，作者呼吁法国进行财务重组，以对抗来自大西洋彼岸的这些基金。

报告的第二部分最为有趣。它介绍了许多基金公司及其高管，以及它们的战略。这些基金公司包括安佰深集团、赛伯乐资产管理公司、高雷资产管理公司、璞米资本投资公司、黑石集团，以及当时最为活跃的凯雷投资集团。在一份由法国经济情报机构于2003年出具的研究报告中，凯雷投资集团被形容为“一个庞大、神秘的美国组织，其权势来源于其合伙人及美国当权人物的私人利益和经济利益”[16]。

凯雷投资集团于1987年正式成立，是几位创始人并肩冒险的成果。这些人包括：吉米·卡特的前顾问大卫·鲁宾斯坦、并购专家丹·达尼埃洛、工业金融专家小威廉·康威等。成立的前两年，凯雷投资集团并未大放异彩，它在服务业和餐饮业中参与了一些小规模投资。1989年，弗兰克·卡卢奇加入了凯雷投资集团，他在里根政府中担任国防部长，很多人怀疑他曾作为中央情报局特工参与1961年暗杀刚果领导人帕特里斯·卢蒙巴。请注意，卡卢奇曾接管作为中央情报局幌子的西尔斯国际贸易公司，并处理了这家公司的破产事宜。最后，卡卢奇还支持成立了另一只投资基金，即同样被法国人视作威胁的黑石集团。黑石集团常常被法国情报界称为“中央情报局的金融之手”。

弗兰克·卡卢奇的到来为凯雷投资集团开创了一个新时代。小打小闹的投资自此不见踪影，全世界都是他的新游乐场。凯雷投资集团放弃了小额投资，开始涉足高科技企业领域。弗兰克·卡卢奇吸引来了一些新的颇有声望的投资者：高盛银行、英国石油公司、美国国际集团，以及阿布扎比、科威特和迪拜等国主权基金，还有通用汽车公司和波音公司。凯雷投资集团投资入场门槛不断攀升，上涨到超过 500 万美元。但它带来的回报也异常丰厚：平均每年 34% 的收益率！这远远高于投资基金的常规水平。

在不到 10 年的时间里，弗兰克·卡卢奇就将一家小型本地基金公司变成了一家全球巨头。2005 年，凯雷投资集团管理着 14 只基金（美国 7 只、欧洲 4 只、日本 1 只、其他亚州国家 2 只），每一只基金的募集规模都超过了 10 亿美元。四年后，它的投资对象已经超过了 370 家公司，这些公司的营业额总计达 300 亿美元。早期，卡卢奇主要投资国防领域（占比 60%），但很快，国防就变成了一个较为次要的领域（占比 10%）。如今的凯雷投资集团活跃于航空航天、电信、能源、金融服务、房地产、医疗保健等行业，在全球 24 个办事处共有 500 余名员工。半数员工都是私募股权方面的专家。凯雷投资集团在现存的所有投资基金团队中拥有最大的规模。

当然，凯雷投资集团没有上市，它有对其账户和业务保密的传统。因此，这家基金公司的一切都是不透明的。但人们知道它的团队中有大量杰出人物，如美国前总统乔治·赫伯特·沃克·布什，美国前国务卿詹姆斯·贝克，英国前首相约翰·梅杰，韩国前总理朴泰俊，菲律宾前总统菲德尔·拉莫斯，美国中央情报局局前局长罗伯特·盖茨，还包括将军、高官、波音公司前首席执行官等人。简而言之，凯雷投资集团的通讯录长到大概可以绕地球一圈。

很容易想象这样一张关系网的巨大作用。没有哪个国家元首或政府首脑是凯雷投资集团成员无法接触到的。1999 年 5 月，韩国总统接待了以凯雷投资集团顾问身份到访的乔治·赫伯特·沃克·布什。2002 年，时任美国台湾商业理事会主席的弗兰克·卡卢奇毫不犹豫地斥责了中国台湾地区的负责人，因为此人违背了此前曾做出的允许美国通用电气在台投资核工业的承诺。作为交换，卡卢奇提出了另一个要求：放松能源部门的管控，为美国企业提供更多利益。

在那段时期，曾经是特工的卡卢奇是“美国制造”最好的代理商。他尤其关心波音公司的利益，因为这是他最忠实的合作伙伴之一。1990 年，波音公司向凯雷投资集团投资 1 亿美元。两家公司之间的关系非常密切：弗兰克·施龙智于 1986—1997 年执掌波音公司，此前他曾在尼克松与福特总统任期内供职于美国国防部，是凯雷投资集团的顾问。波音和凯雷还有生意上的往来，凯雷投资集团通过自己投资的公司——沃特飞机工业公司、斯特莱公司、航空结构公司、仙童半导体公司——为波音提供服务。

再让我们回顾一下凯雷投资集团与黑石集团之间的联系。根据某些信源，美国国防部的一份报告中写道："凯雷和黑石其实是一回事，它们是两块牌子、一套人马。两只基金是由同一个小团体创建的，并受到他们的严格管控……这两只基金即使不是由中央情报局创建的，至少也是中央情报局用来洗钱及从事其他非法行为的工具或同谋。"[17]

难怪凯雷投资集团会被称为"商业界的中央情报局"。这只基金也有自己的情报网。1992年，它收购了维纳尔，这是一家提供军事咨询服务的公司。越南战争期间，维纳尔公司曾在各种可怕的军事行动中大显神通。自此之后，该公司一直致力于开展情报培训工作，尤其是在阿拉伯国家。它甚至还负责监督沙特皇家护卫队的训练。1997年，赚得盆满钵满的维纳尔公司被转售。两年后，凯雷投资集团成为美国调查服务公司的战略和财务合作伙伴，该公司是北美最大的个人安全和调查公司。此外，凯雷投资集团还与一家专门从事经济、商业和金融情报调查的经济情报公司——勤奋安保公司保持密切往来。这家公司由美国中央情报局和英国军情五处的前雇员创立。凯雷投资集团的创始人之一埃德·马蒂亚斯就担任勤奋安保公司的顾问。

依靠凯雷投资集团、黑石集团等全球商业界最为灵通的消息源，美国情报部门可谓受益良多。这些有能力组织数十亿美元投资的金融巨鳄是美国开展秘密行动时可利用的宝贵资源，它们在全世界都是独一无二的。至此，不难理解陈旧的腐败手段为何已经完全过时了。凯雷投资集团和黑石集团的影响力势不可当，没有任何外国竞争者可以与之匹敌。

14. 瘫痪的欧洲

“令我触动的是，自法国巴黎银行案以来，由于经济制裁不断加剧，法国企业越来越希望国家出面保护它们的利益。”2015年1月13日，时任法国外交与国际发展部长的洛朗·法比尤斯告诉贝尔西区的企业家。法国外交部对美国司法插手法国企业事务表示愤怒。几个月前，法国巴黎银行向美国司法机构签发了一张价值数十亿美元的支票。因此，这位部长动员部下抵制美国的司法围猎。几个月来，他的手下一直在调查此事，但始终未能找到解决方案。没人能想到有效的方法。法国人被迫缴械，只能逆来顺受。应当发动全欧洲共同行动吗？法比尤斯的团队想知道欧盟其他成员国的想法。于是，法国驻欧洲各国大使馆开始探寻其他国家的态度。结果是，欧洲各国纷纷觉得事不关己。

在欧盟的28个成员国中，法国外交部只获得了16个国家[1]的答复。情况不容乐观，法国大使馆的电报总结称：“尽管某些公司确实遇到了困难，但各国对这一问题的关注十分有限。”[2]欧盟的多数成员国并没有对抗美国域外立法的打算，除了英国和爱尔兰针对这些法律对本国企业的影响表示了强烈关切。德国和荷兰也意识到了这个问题，因为两国的银行也遭受了严重损失，但这两个国家并不将该问题视为优先事项。其他成员国对此相当漠然——谁也没有严肃讨论这个问题。亲美国家（如罗马尼亚、瑞典、匈牙利）拒绝抵抗，因为它们害怕得罪远在大西洋彼岸的庇护者。那些没有跨国企业的欧洲国家则认为本国可以高枕无忧。还有一些国家，如捷克，则表示自己会遵循美国法。

大多数国家承认 1996 年《欧盟阻断法案》已经完全过时，不能发挥保护欧盟经济利益的作用。捷克、斯洛文尼亚和波兰似乎更赞成对《欧盟阻断法案》进行修订。德国人则警告不应进行改革，因为这将向美国盟友传达负面的信息。欧洲对外行动署和欧盟委员会也持相同的观点：修订 1996 年《欧盟阻断法案》将“构成一个过于强烈的政治信号”，对美国的回应必须更为温和才行。欧盟委员会希望大西洋两岸协调一致，请求美国人高抬贵手。毕竟，在制裁伊朗和俄罗斯时，欧盟和美国一向合作无间，那为什么不能在监管欧洲企业的问题上达成共识呢？并且，还有另外一个可以处理这些问题的框架：负责金融监管相关议题的金融监管论坛。但美国政府对此置若罔闻。

尤其应当注意的是，不能与美国人正面对抗。如果反应过于强硬，欧盟委员会担心与美国的冲突会升级。美国可能会重新启用《赫尔姆斯－伯顿法》和《达马托法》，并将矛头指向欧洲经济体。即便是德国这样的经济强国也不想激怒美国。德国承认，美国人有权起诉所有使用美元进行交易的公司。德国人唯一关心的是，不能让美国将德国企业列入实体名单（受到特别出口许可证的约束），以及特别指定国民（被冻结资产并禁止交易）名单。企业一旦出现在这两个名单之中，就意味着会被自动驱逐出美国市场。因此，德国方面主张将此事提交世界贸易组织，同时适用 1996 年《欧盟阻断法案》，而不是修改或更新该条例，此外将过去 20 年美国通过的许多法律补充进去。

欧洲是分化的：它不准备行动，宁愿敷衍拖延，希望暴风雨早日过去。欧盟指望通过对话来平息美国司法界的怒火，但从来不曾试图从根本上解决美国立法的域外管辖权问题。

发出照会的法国外交部官员对此表示遗憾，因为他们不相信美国心怀善意。他们对欧洲议会放弃修订 1996 年《欧盟阻断法案》的想法感到惋惜。在他们眼中，这无异于错失良机，因为修订后的《条例》本来有望成为对抗美国的有效筹码。

如果绝大多数欧洲国家根本没有反腐败立法，更不用说阻断法令了，那么欧洲该如何自卫呢？然而，关于阻断法令，欧洲 1996 年《欧盟阻断法案》其实是有相关约束的。应当明确一点：所谓的《欧盟阻断法案》禁止公司不通过司法协助途径而直接向外国政府提供经济情报。爱尔兰已经具备了这样的立法，但实际上并没有执行。在西班牙，这一机制仅适用于西班牙国有企业；在捷克，有一部保护个人数据的法律可以用于阻断信息的传递；在匈牙利，只有情报部门才有权限这样做。

法国外交部照会给出的结论是，欧洲国家没有意识到域外法对自身政治主权和经济主权的威胁，对此它们不打算还手，也并不在意。“各国给出的回复表明，它们对美国法域外管辖权的关注有限，即便它会带来不利的影响。欧洲机构在这个问题上表现出了很大程度的保留态度。”对此，解决办法是寻求建立巴黎 – 柏林 – 马德里轴心。三个国家可以“迈出第一步”，唤醒欧洲。最后，法国外交部呼吁重启欧盟和美国的跨大西洋合作，包括全方位合作及专门针对腐败问题的合作，寄望于促进“各人自扫门前雪”的原则。

是欧洲机构的错吗?

欧盟没有完全尽到它应尽的责任……大概只有一半吧！虽然欧盟于1996年制定了《欧盟阻断法案》，但并没有完全解决这个问题。它的目的并非质疑美国域外立法的意图，而只是为了削弱其影响力。“欧盟委员会通过的立法方案，”欧盟委员会法律顾问于尔根·乌贝尔解释道，“主要是为了削弱美国《赫尔姆斯–伯顿法》第3条和第4条造成的损害。”[3] 可以说，欧洲的反击是软弱无力的：仅仅是为了自保，而不是主动地捍卫自己的权利。

欧盟委员会指出，事实上问题在于成员国自身。现实情况是，欧盟各国很少依据1996年《欧盟阻断法案》来质疑美国的要求。大部分成员国在其通过时都抱着怀疑的态度。因此，我们可以注意到，欧盟大多数国家并没有对本国法律做出相应修订，以使《欧盟阻断法案》更能发挥效力。“由于我们设法克服了美国《赫尔姆斯–伯顿法》和《达马托法》的负面影响，所以没有继续关注这个问题。”一位欧盟高级官员略带尴尬地承认道。[4] 域外立法监督委员会（《欧盟阻断法案》第8条）从未成立过，而欧洲企业的罚款却屡创新高。“我们处于一种缺乏应对之策的境地，”一位欧盟内部接触过此案的人士表示，“欧盟委员会已经把《欧盟阻断法案》搁置了。”[5]

企业也是如此。它们从未援引欧洲立法在美国政府或法院面前为自己辩护。它们总是宁愿面对欧盟的指责，也不愿面对美国的怒火！欧盟委员会承认，一些公司曾向欧盟提出请求以寻求保护，但欧盟委员会仅仅是礼貌地建议它们向自己的国家求助，因为这个问题不属于欧盟管辖范围。自 2009 年《里斯本条约》签署生效以来，负责处理制裁问题的机构一直是欧盟对外行动署，这是欧盟外交与安全政策高级代表领导下的外交机构。

不过，欧盟委员会倾向于由欧盟成员国和欧盟外交机构处理这一问题，探讨加强对企业的保护力度的新方案。欧盟委员会建议将美国国会近年来通过的新法律列入 1996 年《欧盟阻断法案》的附录，但是这一想法至今没有实现。这难道不令人震惊吗？只要通知欧盟理事会和欧洲议会，然后留出两个月时间供各方提出反对意见即可。[6] 欧盟委员会还曾设想强制要求各成员国将 1996 年《欧盟阻断法案》的主要内容加入其国内立法当中。首先应当从有管辖权的国家对违反欧盟规则的主体实施制裁开始。欧盟委员会还建议，应当根据《欧盟阻断法案》的规定组建欧盟域外立法监督委员会，并召开会议。它可以作为成员国之间交流信息的机构，以便确定应对美国域外立法的最佳对策。欧盟委员会提出的第三种方案是实质性加强《欧盟阻断法案》的效力。这是一个较为漫长的程序，需要由欧盟的三个机构（欧盟理事会、欧盟委员会、欧洲议会）共同决定，可能需要几个月甚至几年的时间。这取决于各成员国的意愿，并需要欧盟理事会一致通过。可以说，这一方案具有很高的不确定性。

欧盟是否应当考虑向世界贸易组织提起新的诉讼？高级官员对此意兴阑珊，因为目前的地缘政治背景与1996年欧盟首次提起诉讼时不可同日而语。怎么可能阻止美国以国际安全的名义对伊朗和叙利亚实施制裁呢？此外，美国也正在妨碍世界贸易组织的正常运作。2018年夏天，美国否决了争端解决机构全部三名法官的提名，这一机构相当于世界贸易组织的上诉法院，其职能在于解决当事人之间的商业争端。因此，不能再惹恼美国人，为唐纳德·特朗普退出世界贸易组织增添新的借口。

欧盟委员会承认自己无能为力，决定把应付美国司法进攻的难题交给各成员国。欧盟委员会没抱有任何幻想，它深知这场战斗早已输定，欧洲企业只能屈从于最强者的法律。

美国人了解这一点并加以利用。在这个议题上，跨大西洋对话已名存实亡。特朗普政府似乎既不赞成停火，也不赞成与欧盟协商。恰恰相反，每个国家各自解决“家丑”是不可能的。这是法国外交部2016年11月18日的一份照会给出的结论：“与美国达成权宜之计，规定每个司法管辖区在各自辖区内依循自己的制度，这显然是我们期望的，但是这并不现实。”

伊朗——欧盟与美国之间的新争端

想想欧洲人在2018年5月8日前夕的心态。2018年5月8日是美国退出《联合全面行动计划》的日期。2015年7月，在奥地利首都，联合国五个常任理事国（美国、中国、俄罗斯、法国、英国）和德国，与伊朗共同签署该协议，经联合国批准后[7]，这一协议解除了对伊朗的经济制裁，条件是伊朗大幅削减核计划。

尽管国际原子能机构的多份报告证实伊朗遵守了承诺，但特朗普总统却选择出尔反尔。法国、德国和英国能将美国告上法庭吗？不。2015 年 7 月签订的《联合全面行动计划》对于可能出现的争议只规定了两种情况：六个国家之一对伊朗提出控诉，或伊朗对六个国家之一提出控诉。六个签署国之间不能彼此提起控诉：无论是英国、法国、俄罗斯、德国，还是中国，都不能在美国退出协议的情况下，将其上诉至《联合全面行动计划》针对该情形而设立的特设委员会（即所谓的联合委员会）。[8] 在法律上，只有伊朗有这种权利，但这种行为会让协议彻底走向终结，而伊朗并不想冒这个风险。

伊朗向联合国安全理事会提出了一项诉讼，注意，它要求保障《联合全面行动计划》的实施。从理论上讲，这是可能的。但现实中，面对美国拥有的一票否决权，这根本起不到什么作用。因此，伊朗于 2018 年 8 月又将该案提交联合国的司法机关——海牙国际法庭。伊朗指责美国公然发动侵略，并谴责美国试图扼杀其经济。[9] 海牙国际法庭并未立即针对案情做出裁决，而是对局势的“紧迫性”，以及美国的某些制裁措施对伊朗人民造成的“不可挽回的损害”做出裁决[10]，于 2018 年 10 月 3 日谴责美国并命令华盛顿立即解除其对伊朗三个领域的制裁：食品和农产品、药品、民用航空零部件。“法庭一致决定，美利坚合众国……必须通过它所选择的方式，消除2018年5月8日宣布的措施对伊朗伊斯兰共和国自由出口以下产品所构成的一切障碍：药品和医疗材料，食品和农产品，为维护民用航空安全所必需的零件、设备和相关服务（尤其包括售后服务、维护、维修和检查）。”[11] 尽管美国人声称法庭无权约束这些问题，但无济于事。这的确是伊朗外交的一次胜利。

法国法学家俱乐部就美国退出《联合全面行动计划》撰写了一份报告，该报告认为美国此举是非法的。法律专家呼吁联合国和国际原子能机构共同采取行动。“可以请国际原子能机构或联合国大会将此事提交国际法庭，针对美国在伊朗遵守其协议义务的情况下仍退出《联合全面行动计划》动机的合法性发表咨询意见。这种咨询意见虽然不具备法律约束力，但依然可以为世界贸易组织的法官、仲裁员、国内法院提供参考。”[12] 换言之，这种意见可以找出更多的论据，以反对美国法律的霸权邪念。

美国退出《联合全面行动计划》不仅引发了布鲁塞尔和华盛顿之间的政治危机，而且再次将欧洲企业置于美国政府的密切关注之下。唐纳德·特朗普撕毁了协议，重新建立起对伊朗的最为严厉的制裁制度。这是“史上最严厉的制裁”[13]，禁止美国以及所有外国的企业与伊朗进行贸易，否则企业将面临巨额罚款，甚至被驱逐出美国市场。“我们理解，”美国国务卿迈克·蓬佩奥说，“重新建立制裁制度以及此后对伊朗政权施加压力将给我们的一些朋友带来财政和经济上的困难。但是他们必须知道，我们将追究违犯禁令者的责任。”[14] 来自美国总统本人的威胁则更加直白，

2018 年 8 月初，特朗普总统在推特上发布了如下信息："任何与伊朗做生意的人都别想再和美国做生意。"[15]

这个警告足够清晰明了：欧洲企业必须离开伊朗，否则，它们就要倒霉了。这相当糟糕，因为欧洲和这个古老的波斯帝国之间的生意往来，在此前已经复苏。[16] 欧洲与伊朗的贸易额已经从 2015 年的约 80 亿欧元增长到 2017 年的 210 亿欧元。在同一时期，美国和伊朗之间的贸易额却停滞在 1.8 亿欧元止步不前！所以，全军覆没的将是欧洲人。

欧洲各国被警告，如果违犯美国的禁令，华盛顿就要盯上它们的钱包。就像以往一样，它们纷纷抗议，但并不采取实际行动。2018 年 5 月 18 日，在索菲亚举行的欧洲峰会上，各国表现得非常团结，但也仅此而已。然后，仅仅过了几天，分裂的迹象便初露端倪。德国不想与美国正面交锋。由于德国与美国的贸易顺差很大（超过 500 亿欧元），它担心美国采取报复性措施，尤其是在汽车领域。2018 年春天，唐纳德·特朗普宣布其政府已经对汽车领域的问题展开调查，可能导致对欧洲汽车征收的关税上升 25%。东欧国家同样对美国的举动感到忧虑。波兰建议考虑美国在伊朗问题上的要求。简而言之，欧盟成员国之间的团结岌岌可危。

然而，正如法国总统马克龙所说的，这是"对主权的考验"。他说，欧洲不希望"与美国进行战略贸易战"。欧盟委员会主席让－克劳德·容克在 2018 年 9 月的国情咨文中则认为，"攸关欧洲主权的时刻已经来临"。[17] 他承诺将启用赫赫有名的 1996 年

《欧盟阻断法案》，并考虑为希望继续与伊朗进行贸易往来的企业提供欧元融资渠道[18]，特别是通过欧洲投资银行为其融资。[19]但是，这可吓不倒前不久通过提高钢铝关税（增幅分别为25%和10%）对欧洲发起贸易战的特朗普总统。[20]

美国于2018年5月8日宣布，重新启动的对伊朗的制裁主要包括两轮。[21]首先，2018年8月6日起，下述行业的公司必须停止与伊朗的所有往来：黄金、纸币、贵金属、半成品金属（铝和钢）、汽车零部件。其次，2018年11月5日起，制裁扩大到石油[22]、天然气、石油化工、海运及造船、金融通信、保险服务等行业。

面对美国的单方面决定，欧洲人拿出了他们的秘密武器。2018年9月25日，欧盟外交机构负责人费代丽卡·莫盖里尼在联合国大会上宣布，欧盟已经找到了与伊朗保持经济往来的途径：特殊目的载体。这是一个颇具技术性的术语，是一种伪装回到史前时代的经济解决方案：欧盟建议欧洲企业与伊朗采用以物易物的交易方式。不使用货币，也就避开了美元：伊朗可以用石油换取产品。例如，法国可以进口伊朗的石油，并向一家刚刚将其机床交付给伊朗的德国公司支付价款。欧盟希望通过这种方式对"美元病毒"免疫。这种做法吓到美国人了吗？美国国家安全顾问约翰·博尔顿笑称："欧盟虽然言辞有力，但却执行不力。"[23]美国国务卿迈克·蓬佩奥承诺，美国会毫不迟疑地进行反制。"我们不会允许欧洲或任何其他人规避我们的制裁。"[24]

欧洲是否已经触及美国敏感的神经？绕开美元无疑是对美国最严重的威胁。如果欧洲各国在国际贸易中越来越多地使用美元之外的货币进行交易，例如欧元或人民币，那么美元可能就会失去其霸权宝座。“这很荒唐，”欧盟委员会主席指出，“欧洲 80% 的能源进口都是以美元支付的——相当于每年 3 000 亿欧元，而能源进口其实只有 2% 来自美国。欧洲企业要使用美元而不是欧元购买欧洲飞机，这很荒唐。”[25] 加州大学伯克利分校的经济学教授巴里·艾肯格林则撰文称：“随着特朗普政府重新启动对伊朗的制裁，美元的全球地位将被动摇……依赖美元所造成的惨痛教训，可能会迫使其他经济参与者避开美国货币。”[26] 走着瞧吧……

15. 瘫痪的法国

2018 年 5 月 15 日，星期二，下午两点，法国经济与财政部预订了一个很小的场地。会场有近百名记者在等待经济部长、外交部长的发言。在此之前，从未有这么多媒体报道经济战相关的主题。就在上一周，美国总统特朗普刚刚撕毁了在维也纳签订的《联合全面行动计划》。这一举动意味着美国将恢复对伊朗的经济制裁，进而殃及那些不能在 2018 年 11 月 5 日前撤离伊朗的欧洲企业。未撤离的“顽抗者”暴露在美国财政部海外资产控制办公室的围猎视线范围内，面临支付天价罚款的风险，甚至还可能被美国市场拒之门外。

基于此，2018 年 5 月 15 日，媒体想知道法国政府打算如何应对。法国经济部长布鲁诺·勒梅尔与法国外交部长让-伊夫·勒德里昂在当天早上刚接待完大约 60 家为此事忧心忡忡的法国企业。他们是对这些企业进行了安抚，还是告知法国政府对它们的遭遇无能为力呢？媒体想知道答案。

美国将以什么名义制裁与伊朗存在贸易往来的外国企业？法国政府会放任不管吗？它将如何回应？欧盟总部又能做些什么？针对记者的提问，两位部长回答起来含糊其词。他们仅仅表达了“美国企图禁止其他任何国家与伊朗之间进行贸易”，以及法国政府对此深感不满。众所周知，跨大西洋伙伴关系陷入严重危机，欧盟与美国之间存在根本性政治分歧。但是如何解决呢?

在涉及国家经济利益的问题上，部长们似乎就没那么能说会道了。他们提出了一些应对方案，不过有的方案自相矛盾。法国政府一方面对美国的单方制裁提出质疑，另一方面却寄望于请求美国给予法国企业制裁豁免，并且还要求延长豁免期，以便法国企业能够有序地撤出伊朗。我们无法理解法国政府的战略意图。它是想抵制美国制裁伊朗的决定，还是想最小化这一决定给法国企业带来的损失呢?

法国政府正在制定一套适用于欧洲、用欧元结算的金融交易机制，以此来规避使用美元进行结算。因为一旦其客户与伊朗进行贸易，或者更广泛地说，与任何一个受美国制裁的国家进行贸易，法国的银行便不能再为其办理业务。更糟糕的是，为了避免被美国列入制裁名单，法国的银行在所有合同中加入了一项退出条款：如果客户坚持与美国黑名单上所列的国家进行贸易，那么银行可以选择销户。“这是一种不公平的做法，”奥利维尔·多尔冈律师表示，“银行可能会因此被起诉。”换句话说，银行无法禁止其客户履行在美国禁令的最后期限生效前与伊朗签订的合同。但在 2018 年 11 月 4 日之后，银行可以拒绝发放没有事先确定用途的贷款。法国政府同时表示，法国国家投资银行正在研究一个解决方案，以确保法国能继续与伊朗开展贸易。但这都是白费心思，因为这家使用美元结算机制的银行的负责人不愿意让他的银行受到美国的迁怒。“反抗美国的次级制裁，”法国国家投资银行合规与监督部门的主管卡琳·德莫内表示，“这是一项不可能完成的任务。”[1]

《欧盟阻断法案》禁止欧洲公司在未经司法机构批准的情况下向外国政府提供信息。但那又如何呢？对于政府来说，这并不构成一项报复措施。使用更加严厉的手段惩罚违犯《欧盟阻断法案》的公司根本无济于事。然而，2018年夏天，法国政府在本来有机会通过《商业秘密法》（将欧盟法转换为国内法）[2]的时候升级《欧盟阻断法案》。在最后一刻，法国政府删去了对为外国司法部门提供信息的公司及其领导人进行惩罚的修正案。

至少，法国政府承诺会更新1996年引入的《欧盟阻断法案》，将美国新的域外法权加入其反制范围。最后一根救命稻草是创建欧洲的海外资产控制办公室。从这项措施中依然很难看出一个负责实施欧盟做出的经济制裁决定的机构能解决燃眉之急。

所以这都是换汤不换药。近年来这些提议反复出现在各种报告和国情咨文中，却从未真正被付诸实践。国家未能履行其保护义务，至少法国法学家俱乐部是这么认为的："如果法国政府拒绝采取任何措施来补偿被迫单方面终止与伊朗进行交易的公司，或拒绝采取任何有效措施来反抗美国对伊朗实施制裁的单方面决定，将导致卷入制裁风波的法国承担责任，这会让美元使用者遭受不合常规且不公正的束缚。"[3]要知道法国与欧盟的法律都采纳了《联合全面行动计划》中的条款。[4]

那么向世界贸易组织上诉呢？这不是一个可选项。"绝不能惹怒美国人，"布鲁诺·勒梅尔的顾问私下回答道，"这会让他们有借口退出世界贸易组织。"法国政府更愿治标不愿治本。然而这个问题至关重要，因为它事关法国的经济主权。“这些域外经济制裁是不可接受的，”法国经济部长布鲁诺·勒梅尔斥骂道，“美国绝不应该是世界经济警察。”[5]

但事实就是如此。美国的举动影响了法国与伊朗之间的贸易往来。自从2015年签署《联合全面行动计划》以来，法国对伊朗的出口增长了两倍，从5亿欧元猛增到15亿欧元。所以出口量很可能回到四年前的水平。

在这些政府官员白费口舌之时，法国企业已经陆续撤出伊朗。法国石油巨头道达尔很快宣布，将在美国禁令最后期限到来之前，[6]将其在南帕尔斯天然气田第11期项目的股份转让给中国石油天然气集团有限公司。南帕尔斯天然气田日产能约合40万桶石油当量。与当时道达尔日产270万桶石油当量相比，是非常可观的。但是这家法国石油巨头别无选择，它90%以上的融资交易都通过美国银行以美元结算，更不用说美国人在道达尔持有30%的股份了。

那么空中客车、雷诺、标致、雅高、赛诺菲这些公司呢？它们也都一一撤离了。2018年6月初，标致公司宣布撤出伊朗，2017年它在伊朗的汽车销售量达45万辆。15天后，雷诺（2017年的汽车销售量为16万辆）的首席执行官卡洛斯·戈恩宣布，他的公司将会继续留在伊朗，但会减少驻留人员、缩小规模，并与美国方面共同研究“什么可以做，什么不可以做”。[7]波洛莱、虎立业等企业也都撤出了伊朗市场。就连生物梅里埃这样的医疗技术公司也屈从于美国，哪怕医疗领域并不在美国的制裁范围之内，但是问题在于，没有任何一家银行愿意向该机构提供资金保障，即使是欧元。

“我每天看着各家公司打包走人。”[8] 阿米尔－阿斯拉尼律师惋惜地说道。他是科恩·阿米尔－阿斯拉尼律师事务所的合伙人，也是为数不多在德黑兰工作多年的人。“欧洲人到处宣扬自己不会坐视不管，然而没什么用，”他补充道，“他们已经双膝跪倒在目空一切的美国的超级力量面前。”伊朗不值得他们与美国翻脸。毕竟，伊朗市场在规模庞大且无法绕开的美国市场面前不值一提。

但是为什么在撤离伊朗以后，这些企业不去美国法院起诉美国政府呢？为了不再受到制裁的威胁，这些企业可以向美国政府提起诉讼，以美国作为《联合全面行动计划》的签署国却撕毁协议为由，要求其赔偿营业额的损失。从理论上讲，这样一项指控是完全可行的。但是实际上，没有任何一家欧洲企业有过要挑战美国政府的念头。

此外，这些撤离的法国企业却不能保证伊朗人不会起诉逃离其领土的企业。更何况他们还可以诉诸法国法律。巴黎上诉法院[9]和法国最高法院[10]在一家伊朗公司起诉一家美国医药公司法国子公司的案件中，就抵制制裁是否可以使损害最小化的问题给出了各自的判决意见。在该案中，伊朗公司认为法国子公司突然中断所有合作关系导致其遭受巨大损失。两家法院（巴黎上诉法院与法国最高法院）都支持了伊朗一方，认为美国的域外法权不足以构成法国子公司违约的理由。这个案件是关于美国的一级制裁，也就是说其针对的主体只是美国的企业。由此我们可以预料，法国法院在涉及针对外国企业的次级制裁案件中会采取更加坚定的立场。

目前，欧洲与美国之间的局势非常严峻。由于欧洲与美国的商业纠纷倍增，[11] 就连特朗普“最好的朋友”马克龙也耗尽耐心、怨声不断。这位法国总统想联合欧洲各国共同对抗美国新的挑衅行为。他质问道：“难道我们会接受他人制定的规则，甚至是他人的专制吗？我们选择与谁进行贸易，这应该由谁来决定？难道是由那些因为如今的国际规则不再符合他们的利益就转而威胁我们的人来决定吗？我们选择在近东和中东建立和平，而其他大国却选择了食言。难道我们要向霸权政治屈服吗？”[12]

法国需要欧洲的支持来捍卫传统大陆的经济利益，但是参议院的欧洲事务部在 2018 年 10 月 10 日发布的一份报告显示，没有人真正相信这一点。[13] 芒什省的共和党参议员、欧洲事务部主席让·比才认为，美国的单方制裁令人难以容忍。塔尔纳省的中间派联盟参议员、该份报告的作者菲利普·博纳卡雷尔表示，美国的对伊制裁“体现了其称霸世界的政策目标”。[14] 然而，没人具体回应美国的域外法权带来的挑战。只有欧盟的高级代表费代丽卡·莫盖里尼提出，可以在伊朗和外国企业之间建立以货易货的平台，打造一个“特殊目的载体”。从更长远的角度来看，参议员们希望欧元能在国际贸易中击败美元的霸权地位。博纳卡雷尔议员承认自己感到有心无力，他认为“这仅适用于欧洲的少数小型企业”。[15]

如果欧盟继续保持沉默，[16]法国政府将独自应对美国的挑战。自2018年5月8日以来，法国经济和财政部频繁地召开各种听证会，参加人有专家、律师、企业家、经济情报顾问等。解决办法陆续浮出水面：加强欧元在国际贸易中的地位，特别是在与伊朗贸易中的作用；支持希望继续留在伊朗的企业，帮助它们找到不使用美元结算的金融机构合作伙伴……

其中有一个解决办法特别大胆。法国经济与财政部正在制订一项计划，确保法国可以继续从伊朗进口石油。怎么做呢？通过法兰西银行从伊朗购买石油，再将其出售给道达尔和其他大公司，并且为这些继续与伊朗交易的法国企业支付款项。很聪明的做法。一位知情人士表示："美国不敢攻击像法兰西银行这样的公共机构。那将会被解读为真正的经济战争宣言。"[17]

结果如何，只有等到将来才能知道。在此期间，现实中的法美关系阴云渐浓。2018年冬天，美国司法部的官员被法国金融检察官办公室列为"不受欢迎的人"。法国的检察官不喜欢他们"牛仔式"的办案方式，并指责他们没有通过司法协作的正常渠道来获取法国兴业银行的关键信息[18]，其中一些信息本应由法国警方提供。法国金融检察官实在是忍无可忍，再也不愿与不尊重法国法律的人打交道，于是该案就成为法国检察官向美国司法部开战的导火索。

然而，美国政府向法国金融检察官办公室提出了一项"诚恳"的建议：两国携手处理法国兴业银行的案子，共同起诉银行，法国还可就罚款金额分一杯羹。仅此一次，美国人愿意与他人一起分享战利品。法国检察官极不情愿地接受了美国的提议。2018 年 6 月初，法国兴业银行被判处向美国司法部、美国商品期货交易委员会和法国金融检察官办公室支付共 13 亿美元的罚款，从而就操纵银行同业拆借利率[19]和贿赂利比亚官员[20]达成和解协议。法国在这场交易中仅收到 2.928 亿美元罚款，不及法国兴业银行所支付罚款总额的 1/4。[21]当然远远不止这些。11 月 19 日，法国兴业银行发布声明称，该银行同意向美国政府支付总额为 12 亿欧元的罚款，从而了结“对法国兴业银行所涉美元业务的调查。这些业务涉及的一些国家、个人和实体是美国经济制裁的对象，法国兴业银行的做法违犯了纽约州的法律”。[22]法国兴业银行被起诉的一个理由是，其曾经违犯了美国制定的针对古巴的禁运令。法国兴业银行因此签署了一份《延缓起诉协议》，[23]获得三年暂缓起诉期，而且必须在 18 个月内向美国提交一份审计报告。[24]这笔总额 12 亿欧元的罚款全进了美国国库。

此外，美国在 2018 年 6 月将法国兴业银行的部分罚款分给法国政府，是否意味着美国终于开始信任法国的司法机构了？“美国提出的方案，我们必须接受，”一位知情人士称，“这是与美国政府恢复对话，同时向美方明确法国底线的一次机会。”[25]

现在的问题是，如何让美国相信法国会严惩违规企业，从而也就不再需要美国人动用他们的法律来惩罚法国的企业巨头。法国外交部的高级官员表示：“我们不能指望美国自动地明白这一点，但这不排除在某些情况下，如果美国相信欧洲确实在有效地追究违法公司的责任，就会同意不起诉欧洲企业。”有一点是肯定的，美国不会放慢追捕猎物的脚步：与 2017 年相比，美国证券交易委员会在 2018 年做出的制裁有所加剧，将近 40 亿美元的罚款悉数纳入囊中。[26] 仅巴西国家石油公司中的一家，就因违犯美国的《反海外腐败法》而被处以 17 亿美元罚款 [27]（列在美国司法部的罚款名单中 [28]）。

因此，法国经济的繁荣要寄希望于美国承认法国在打击腐败方面的努力。[29] 如果美国不肯承认呢？那么法国将继续苦思冥想解决方案。2018 年 7 月末，法国总理要求共和国前进党议员拉斐尔·戈万 [30] 提交一份报告，研究新的司法对策来保护法国的企业及其管理人。不断提交新的报告导致具体实施行动的时间一再推迟。

此时，法国议员们开始意识到国际经济关系的残酷局面。2018 年 9 月初，大约 40 名共和国前进党议员试图推动创建一个类似美国外国投资委员会的经济安全议会代表团，[31] 以此更好地捍卫法国经济利益、监测可能的风险，同时也为了监督法国境内的外商投资。这项提议遭到了反对，有些议员担心经济安全议会代表团将会威胁议会咨情代表团的地位。9 月 14 日，法国共和国前进党议员玛丽·莱贝克提出了一项限制经济安全议会代表团权力的修正案，并规定禁止向其成员授予安全审查的权力：“对方报告人提出的再修正案旨在明确经济安全议会代表团权力的行使不得超过议会咨情代表团的权力范围，同时经济安全议会代表团的成员也无权了解国防层面的机密信息。”[32] 换句话说，如果法国议会两院投票通过了这项修正案，那么经济安全议会代表团的成员将无法获取法国情报部门的机密信息，而这无疑会严重限制他们在保护法国经济利益方面的监督能力和影响力。显然，前面的道路仍旧漫长而曲折……

结　论

> 我并不怨恨一无所成或支持40年停火协议的人。我也十分理解那些拒不追随戴高乐的人。他们偏安一隅，追求纸醉金迷的安稳日子，美其名曰人文关怀。后来他们吸取教训，开始学“聪明”了，渐渐把他们所谓的生活理念灌输给我们，荼毒、污染着我们，让我们学得卑躬屈膝、不思反抗、逆来顺受。
>
> ——罗曼·加里《黎明的承诺》

自20世纪初就有一种罪恶侵蚀着欧洲。这片大陆呈现出强烈的不适感，自第一次世界大战以及向美洲大陆苟延残喘地寻求保护后，它已失去自信，这种不适在整个20世纪蔓延，直至反殖民浪潮袭来。“显然，欧洲大陆憧憬着被美国资本供养，”保罗·瓦莱里写道，“其政策都是围绕着这一目的制定的。”[1] 2016年10月，随着一位亿万富翁入主白宫，欧洲大陆对美国温情的最后憧憬和幻想破灭了。

然而，唐纳德·特朗普并没有推出什么新的政策，他只是延续了之前几任总统的做法，率先举全国之力发动经济战的并不是他，而是里根、布什父子、克林顿和奥巴马。投票通过美国域外管辖法律的也不是他，而是所有之前的美国总统。人们斥责他实行经济保护主义。诚然，在他的授意下，美国政府于 2017 年通过了 90 项贸易保护主义新措施，世界上所有该类型的措施增长至 467 项，单单美国就占了 20%。[2]“在所有主张推行贸易壁垒的国家中，美国是唯一在 2017 年比 2016 年通过法令更多的国家。”比 2016 年多了 6 项，比 2015 年多了 4 项。[3]美国在经济上重整装备，蓄势待发。[4]尽管如此，挖掘出经济战这一战斧的并不是特朗普而是诸位前任总统。

几十年来，美国总统们一直延续着要把欧洲变为美国附庸的政策方针，美国想要把欧洲彻底变为它的军事、政治和经济上的傀儡。美国从不掩饰它对欧洲大陆这个美国起源之地的地缘战略上的野心。美国前总统吉米·卡特的顾问兹比格涅夫·布热津斯基在其著作《大棋局》中就详细概述了这一点。为了维持世界霸主地位，阻止任何竞争者的崛起，美国在对外政策上需要保证三点：“避免其附庸国之间产生摩擦，并保持它们在国家安全上对美国的依赖；一些敏感问题让它们自行决定；阻止激进派组成反对联盟。”[5]欧洲也一直扮演着被驯服的附庸的角色。激进派主要指的是俄罗斯。早在很久之前弥撒结局已然注定，但欧洲精英们却总是装聋作哑。直到另一种压力出现了，那就是美国的域外管辖法律。“这种域外司法政策，”法国共和党议员布鲁诺·赫达约写道，“可以达到一箭双雕的目的。首先是外交层面，使用如此手段将美国法律强加于欧洲国家，使其进一步沦为美国附庸。伊朗就是一个值得吸取教训的例证……此外是经济层面，这种政策旨在向美国企业的主要竞争对手处以巨额罚款，以此方式削弱它们。”[6]

现在，美国的目标没有变，变的只是方式与方法。在财税改革的促进下，特朗普解冻了美国企业海外被冻结的 1.4 万亿美元，并承诺对回流美国的资本只收取 15.5% 的税。他授意企业在欧洲市场上搜刮抢掠。继阿尔斯通和德希尼布这两大法国工业支柱深陷美国司法机构的泥淖，而不得不破大财免灾后，厄运又将会降临到谁的头上呢？

在法国政府默许下建立起来的这堵横亘大西洋的墙能否帮助法国遮风避雨呢？ 2018 年 2 月，法国总理爱德华·菲利普宣布，扩大蒙特伯格法令的执法范围，该法令旨在保护外商投资的法国战略资产，并赋予国家组织相关方协商谈判的权力。它涵盖了新兴科技（人工智能）、空间、数据资源存储、微电子技术和金融市场的技术基础领域。[7] 法国也应巩固在某些敏感企业中持有的“黄金股”（或“特殊股份”），这些股份赋予国家在某些企业战略决策（研发部门位置、知识产权转移、投标流程等）中拥有监管权和否决权。但法国如何能螳臂当车？

德国总理安格拉·默克尔对唐纳德·特朗普 2017 年 5 月 26 日和 27 日在意大利西西里 G7 峰会上的发言表示认同，翌日即宣布："我们完全依赖别人的日子已经过去了。作为欧洲人，我们应该将自己的命运掌握在自己的手里。"[8] 两大陆间的鸿沟自此显露无遗。但谁可担当捍卫欧洲经济利益这一重任呢？欧洲人是否幻想着美国人的核保护伞也能保护欧洲的经济利益呢？欧洲理事会主席唐纳德·图斯克在 2018 年 5 月索菲亚峰会开幕式上隐晦地表示："实话实说，欧洲要感谢特朗普总统，因为正是他打破了我们的所有幻想。他让我们意识到只有自己动手，才能丰衣足食。"

如果特朗普没有当选又该如何？欧洲是否能继续幻想寻求美国的庇护，抑或自己终将掌握自己的命运？在那些天真幼稚的欧洲领导人看来，这些问题尚且有待商榷，殊不知他们只是美国股掌间甚至是全球化浪潮中"有用的傻瓜"。

特朗普的意图昭然若揭。他认同甚至宣扬新自由主义最阴暗的一面：人人为己，自私自利。这种毫无底线、疯狂竞争赢得世界上霸主地位的做法让幼稚天真、憧憬美好的欧洲人看不到任何希望，也迫使欧洲企业甚至欧洲国家不惜弄虚作假、诉诸暴力来保护并赢得市场份额。法律只是美国的一种手段，它虽不是唯一一种，但效率却毋庸置疑，特别是用来对付那些依然相信法律公平正义并多年来忽视其对经济致命影响的欧洲人。

特朗普逼着其他国家走上角斗场。"这就是个老小子的伎俩，"一位美国官员说，"他重重给你一拳，如果你还击，他就会问：'咱们还是不是哥们儿？'有的国家做出反击，特朗普就退让了。而反观欧洲，却徒劳地向特朗普反复示好，结果只是一无所获。"[9]

欧洲精英们不能再回避触及国际经济关系本质和发展方面的论战了。暴力不能垄断政治，贸易也并不总能缓解国家间的观念冲突。

真相已为欧洲敲响警钟。如果欧洲不想继续对这位不可结交的特朗普只进行口头上谴责，而是想要言行一致、身体力行地抵制乃至冲破美国司法和经济桎梏；如果欧洲不再履行与伊朗的协议并公开放弃其在伊朗的企业，结局将是注定的：欧洲将不复存在。如果欧洲昂首挺胸，对美国这位欧洲盟友发起还击，那将证明欧洲模式才是正确的，因为公道高于法律。

2018 年 12 月 17 日

于巴黎

注 释

引 言

1. 法马通公司于 2001 年更名为阿海珐，又于 2018 年 1 月更名为欧安诺。
2. Pierre Suard, *L'Envol saboté d'Alcatel Alsthom*, France-Empire, 2002.
3. Avant-propos d'Olivier Marleix, 19 avril 2018, p. 2-3. http://www. assemblee-nationale.fr/15/pdf/cr-cepolind/17-18/c1718036.pdf.
4. 同上，第 4 页。
5. "Siemens-Alstom : pour un géant du ferroviaire véritablement franco-allemand", communiqué de presse, Sénat, 19 avril 2018.
6. Avant-propos d'Olivier Marleix, *op. cit.*, p. 3.
7. Olivier de Maison Rouge,"La géopolitique du droit, l'autre champ de bataille de la guerre économique", 20 mai 2013, portail de l'Intelligence économique ; Synfie, Lettre d'information n°5-T1, 2016, p. 10.
8. "La coopération : une solution pour mettre fin à l'utilisation des législations anticorruption comme des « armes juridico-économiques massives » ?", *Défis* n° 9, 2018, p. 53 ; 该期刊由法国家安全与司法高等研究院发行。
9. 即英语中的"authorities"。这一术语包括所有有权起诉企业或个人的美国主管机关：司法部的联邦检察官，以及某些州的检察官，例如证券交易所所在的纽约州（纽约州地方检察官），还有市场监督和监管机构，如美国证券交易委员会或财政部下辖的海外资产控制办公室，后者负责核查针对禁运国家的经济制裁措施是否得到了妥善执行。

10. *Revue de droit des affaires internationales*, n°5, 2007, p. 659-667.

11. 美国于 1998 年签署了《罗马条约》，该条约规定设立国际刑事法院，但美国于 2002 年撤销了签字，没有批准该条约。2018 年 9 月，唐纳德・特朗普的安全顾问约翰・博尔顿在联邦党人协会举行的一次演讲中称，国际刑事法院"非法、无效、极其危险"，并且"已经死了"。他甚至威胁道，如果国际刑事法院继续调查驻阿富汗美军士兵的行为，那么会考虑对国际刑事法院实施制裁。见"国家安全顾问约翰・博尔顿讲话"，联邦党人协会，2018 年 9 月 10 日。https://fedsoc. org/events/national-security-advisor-john-rbolton-address.

12. 例如律师、法学家、政治人士、企业领导人等。

13. Antoine Garapon, Pierre Servan-Schreiber (sous la dir.), *Deals de justice. Le marché américain de l'obéissance mondialisée*, PUF, 2013, p. 6.

14. Pierre Lellouche, Karine Berger,"Rapport d'information sur l'extraterritorialité de la législation américaine", Assemblée nationale, 5 octobre 2016, p. 132.

15. 地缘经济战略的定义是"利用经济手段促进和维护国家利益，并产生有利的地缘政治结果"。Robert D. Blackwill, Jennifer M. Harris, *War by Other Means. Geoeconomics and Statecraft*, Belknap/Harvard, 2016, p. 20. 布莱克威尔在布什政府期间任美国驻印度大使，哈里斯曾和他一起在美国外交关系协会工作。

16. Jean-Marc Leclerc,"La DGSI s'alarme de l'offensive américaine contre les entreprises françaises", *Le Figaro*, 14 novembre 2018.

17. "Future-Proofing. The Bank Risk Agenda. Global Risk 2018", Boston Consulting Group, février 2018.

18. Chiffres tirés d'une étude du Boston Consulting Group, cité dans Édouard Lederer,"L'Amérique a fait payer cher la crise aux banques de la planète", *Les Échos*, 1er mars 2018.

19. Geneviève Burdeau, Brigitte Stern,"Droit international public et sanctions unilatérales. Rapport général", *in* Habib Gherari, Sandra Szurek (sous la dir.), *Sanctions*

unilatérales, mondialisation du commerce et ordre juridique international, Cedin-Paris X Nanterre, Montchrestien, 1998, p. 164.

20. 2015 年 7 月，伊朗与联合国安理会的五个常任理事国（中国、俄罗斯、美国、英国、法国）以及德国在维也纳签署协议。在这项协议中，伊朗方面承诺大幅限制其军用核计划，以解除对其实施的主要国际经济制裁措施。
21. 2018 年 5 月底，美国国务卿迈克·蓬佩奥提出了 12 项条件，作为与伊朗之间恢复信任关系的前提。这些条件从未被列入 2015 年签署的伊朗核协议，等于要求伊朗投降：包括完全停止铀浓缩活动，从叙利亚撤军，与也门停止接触，放弃对黎巴嫩真主党、巴勒斯坦哈马斯政府和巴勒斯坦伊斯兰圣战组织的支持，停止对以色列特拉维夫的威胁等。

第一部分

1. Voir Juan C. Zarate, *Treasury's War*, Public Affairs, New York, 2015.
2. Antoine Garapon, Pierre Servan-Schreiber (sous la dir.), *Deals de justice. Le marché américain de l'obéissance mondialisée*, PUF, 2013, p. 30.

第 1 章

1. 参见该领域最负盛名的专家迈克·凯勒的研究，“The Story of Foreign Corrupt Practices Act”, http://moritzlaw. osu.edu/students/groups/oslj/files/2013/02/73.5.Koehler.pdf。
2. Anthony Sampson, *La Foire aux armes : le grand jeu des firmes et des* États, Robert Laffont, 1978, p. 392.
3. 跨国公司小组委员会隶属于参议院外交委员会。
4. http://www.atimes.com/article/lockheed-scandal-40-years-downfall-prime-minister-kakuei-tanaka/. 亦可参见：https://thebluereview.org/man-pulled-trigger-scandal/。
5. Anthony Sampson, *La Foire aux armes : le grand jeu des firmes et des* États,

Robert Laffont, 1978.

6. Steve Striffler, Mark Moberg, *Banana Wars*, Duke University Press, 2003.
7. 包括联合商标公司、标准果品公司、德尔蒙食品公司。
8. Pauly David, Rich Thomas,"The Great Banana Bribe", *Newsweek*, 21 avril 1975.
9. "Unlawful Corporate Payments Act of 1977", House of Representatives, 28 septembre 1977.
10. Statement of Senator Frank Church before the subcommittee on Multinational Corporations of the Senat Committee on Foreign Relations, 94th Congress 1 (1975).
11. Statement of Senator William Proxmire, chairman subcommittee on Banking, Housing and Urban Affairs,"Foreign and Corporate Bribes", 94th Congress (1976).
12. 同上。
13. Prohibiting Bribes to Foreign Officials, Letter from Elliot Richardson, US Secretary of Commerce to Senator William Proxmire, 94th Congress 19 (1976).
14. Gerald R. Ford,"Remarks Announcing New Initiatives for the Task Force on Questionable Corporate Payments Abroad", Memorandum, 14 juin 1976.
15. H.R. Rep NO. 95-640, at 6 (1977), *in* "1977 Legislative History – House Report – Department of Justice", PDF.
16. Presidential Statement on Signing the Foreign Corrupt Practices and Investment Disclosure Bill, 13 weekly Compilation of Presidential Documents 1909, 20 décembre 1977.
17. A. Cuervo-Cazurra,"The Effectiveness of Laws against Bribery Abroad", *Journal of International Business Studies*, vol. 39, 2008.
18. 对企业处以罚款，对个人处以罚款及监禁。
19. Paragraphes 78dd-1. Traduction tirée du livre d'Emmanuel Breen, *FCPA. La France face au droit américain de la lutte anti-corruption*, Joly éditions, 2017, p. 34.
20. "Mesures visant à empêcher les sociétés transnationales et autres, leurs intermédiaires et autres parties en cause de se livrer à des pratiques de corruption", Assemblée générale de l'ONU du 15 décembre 1975.
21. Catherine Yannaca-Small,"Les paiements illicites dans le commerce international

et les actions entreprises pour les combattre", *Annuaire français de droit international*, vol. 40, 1994, p. 795.

22. 同上，第 795 页。
23. "Extortion and Bribery", Chambre de commerce internationale, 1977.
24. 引自经济合作与发展组织的一份文件 ,"Rapport de l'application de la Convention sur la lutte contre la corruption d'agents publics étrangers dans les transactions commerciales internationales et de la recommandation de 1997 sur la lutte contre la corruption dans les transactions commerciales internationales, États-Unis : phase 2", octobre 2002, p. 30-31。
25. Emmanuel Breen, *FCPA. La France face au droit américain de la lutte anti-corruption*, Joly éditions, 2017, p. 24.
26. 同上，第 13 页。
27. 自小布什总统入主白宫后，他对经济合作与发展组织打击避税天堂措施不够有效越发不满，他认为需要将经济竞争和洗钱区分开。这也说明美国人内部对打击腐败这个问题的理解存在较多分歧。
28. Shearman & Sterling LLP, FCPA Digest, janvier 2015: http://www.shearman.com/pers-pectives/2015/01/fcpa-digest. 2018 年 2 月 11 日查自网络。
29. Résolution 24 (97), Comité des ministres du Conseil de l'Europe, 101e session.
30. Voir *La Lettre de Transparence*, no 37, juillet 2008.
31. 联合国大会于 2003 年 10 月 31 日以 58 票赞成，4 票反对通过该决议，协议于 2005 年 12 月正式生效，逾 170 国联合签署了该决议。

第 2 章

1. 美国 1961 年《对外援助法案》。
2. Gary Clyde Hufbauer, Jeffrey J. Schott, Kimberly Ann Elliott, Barbara Oegg, *Economic Sanctions Reconsidered*, Peterson Institute for International Economics, 2009, p. 7.
3. Ariel Colonomos, "La modernité d'un archaïsme : l'embargo cubain au défi des critiques adressées à la loi Helms-Burton", *Les Études du CERI*, n°63, mars 2000. https://spire.sciencespo.fr/hdl:/2441/1d1v lhp8p7t3k7k96idb5ikp4/

resources/etude63.pdf.

4. Rémy Herrera, Isaac Joshua,"La contrainte extérieure cubaine", Trajectoires latino-américaines. Regards sur Cuba, *Revue Tiers Monde*, t. 43, n° 171, 2002, p. 517-534.
5. https://web.archive.org/web/20000817063245/http://www.state.gov/www/regions/wha/cuba/democ_act_1992.html.
6. 1992 年《古巴民主法》，第 1704 条，网址同上。
7. Matt Peppe,"Repealing the US Embargo on Cuba: The Legislative Process in the US Congress", *Global Research*, 12 janvier 2015. http://www.globalresearch.ca/repealing-the-us-embargo-on-cubathe-legislative-process-in-the-us-congress/5424312.
8. Michel Cosnard,"Les lois Helms-Burton et D'Amato-Kennedy, interdiction de commercer avec et d'investir dans certains pays", *Annuaire français de droit international*, vol. 42, 1996, p. 33-61.
9. 马蒂广播电视台是设在美国迈阿密的电视台，由美国政府资助，专门进行反卡斯特罗的宣传。
10. 1996 年 2 月 24 日，古巴战斗机击落古巴反对派组织的飞机后克林顿签署了协议。
11. Traduction tirée de l'article de Brigitte Stern,"Les lois Helms-Burton et D'Amato : une analyse politique et juridique", Europa-Institut der Universität des Saarlandes, 1997, p. 2-3. https://europainstitut. de/fileadmin/schriften/363.pdf.
12. Déclaration du représentant Bob Livingston, 142 Cong. Rec. H 1731, 6 mars 1996. https://www.gpo.gov/fdsys/pkg/CREC-199603-06/pdf/CREC-1996-03-06-house.pdf.
13. Communication d'Alain-Marc Irissou, in Habib Gherari, Sandra Szurek (sous la dir.), *Sanctions unilatérales, mondialisation du commerce et ordre juridique international*, Cedin-Paris X Nanterre, Montchrestien, 1998, p. 114.
14. 名单全称为：Specially Designated Nationals And Blocked Persons List. https://www.treasury.gov/resource-center/ sanctions/SDN-List/Pages/default.aspx.
15. 美国 1917 年与敌对国家贸易法案规定了美国海外资产控制办公室的作用与职权。https://www.gpo.gov/fdsys/granule/USCODE2011-title50/USCODE-2011-title50-app-tradingwi.

16. Brigitte Stern, “Vers la mondialisation juridique ? Les lois HelmsBurton et D’Amato-Kennedy” , RGDIP, 1996, p. 979-1003 ; JeanMarc Sorel, “Remarques sur l’application extraterritoriale du droit national à la lumière de la législation américaine récente” , *Revue juridique de l’Ouest*, n°4, 1996, p. 415-440.
17. CPJI, *Affaire du Lotus* (France/Turquie), arrêt du 7 septembre 1927, série A, n° 10, p. 19.
18. Michel Cosnard, “Les lois Helms-Burton et D’Amato-Kennedy, interdiction de commercer avec et d’investir dans certains pays” , *Annuaire français de droit international*, vol. 42, 1996, p. 33-61. https://www.persee.fr/doc/afdi_0066-3085_1996_num_42_1_3370.
19. Albane Geslin, “La position de la France en matière d’extraterritorialité du droit économique national” , *Revue juridique de l’Ouest*, 1997, n°4, p. 411-467. https://www.persee.fr/doc/juro_0990-1027_1997_ num_10_4_2405.
20. Traduction de Michel Cosnard, in “Les lois Helms-Burton et D’AmatoKennedy, interdiction de commercer avec et d’investir dans certains pays”, *Annuaire français de droit international*, vol. 42, 1996, p. 40.
21. 同上，第 44 页。
22. Sandra Szurek,“Le recours aux sanctions”, in Habib Gherari, Sandra Szurek (sous la dir.), *Sanctions unilatérales, mondialisation du commerce et ordre juridique international*, Cedin-Paris X Nanterre, Montchrestien, 1998, p. 36.
23. Brigitte Stern, “Les lois Helms-Burton et D’Amato : une analyse politique et juridique” , Europa-Institut der Universität des Saarlandes, 1997, p. 5. https://europainstitut.de/fileadmin/schriften/363. pdf.
24. Serge Marti,“Le terrorisme, alibi de la guerre commerciale”, *Le Monde*, 23 août 1996.
25. Cité dans Patrick Seale,“Worlwide Angers Erupts Over D’AmatoKennedy Act”, *Washington Report on Middle East Affairs*, octobre 1996, p. 23. https://www.wrmea.org/1996-october/worldwideangers-erupts-over-d-amato-kennedy-act.html.
26. 同上。
27. Jean-Claude Buhrer, Françoise Lazare,“L’OMC et l’OCDE mettent en gardent les

États-Unis", *Le Monde*, 14 novembre 1996.

28. Denys Wibaux,"Un point de vue étatique. Le gouvernement français et les lois américaines", in Habib Gherari, Sandra Szurek (sous la dir.), *Sanctions unilatérales, mondialisation du commerce et ordre juridique international*, Cedin-Paris X Nanterre, Montchrestien, 1998, p. 131-132.
29. 同上，第 133 页。
30. 指 1997 年对 1985 年一部针对外国法域外行为制度的法案的修订。https://laws-lois.justice.gc.ca/ fra/lois/F-29/.
31. "Ley de protección al comercio y a la ínversión de normas extranjeras que contravengan el derecho internacional", 为保护（墨西哥）违犯国际法的外国标准的贸易和投资而通过的法律。
32. *Journal officiel* n° L 309 du 29/11/1996 p. 0001-0006. Voir https:// eur-lex.europa.eu/LexUriServ/LexUriServ.do?uri=CELEX:31996 R2271:FR:HTML.
33. 1993 年国民财政年度《国防授权法案》和 1992 年《古巴民主法》，第 1704 和 1706 条。
34. Denys Wibaux,"Un point de vue étatique. Le gouvernement français et les lois américaines", *op. cit.*, p. 155.
35. 比如，对从美国法院获得有利判决的美国企业进行处罚。《条例》第 6 条还规定，前述涉案企业在欧洲的资金也将被冻结或被变卖。
36. Art. 5, Règlement (CE), n° 2271/96 du Conseil européen.
37. Dulce Maria Cruz Herrera, *États-Unis/Cuba : les interventions d'un empire, l'autodétermination d'un peuple*, Presses de l'université du Québec (PUQ), 2007, p. 210.
38. 对自然人的罚款则是 15 万加元（第 7 条）。
39. L'article 8(1)a stipule que le procureur général du Canada peut déclarer par arrêté que "le jugement – qu'il porte ou non sur une somme d'argent – ne sera pas reconnu ni exécuté au Canada".
40. 本条禁止墨西哥法院执行根据域外立法采取的破坏墨西哥主权和经济利益的法律措施。
41. James Feron, "Mrs Thatcher Faults US on Siberian Pipeline" , *The New York Times*, 2 juillet 1982. https://www.nytimes.com/1982/07/02/world/mrs-thatcher-

faults-us-on-siberia-pipeline.html.

42. Françoise Crouïgneau, Jean-Michel Lamy, interview du ministre des Affaires étrangères Hervé de Charrette, "La France prépare la réplique aux sanctions américaines" , *Les Échos*, 28 août 1996.

43. Brigitte Stern, "Les États-Unis et le droit impérialiste" , *Le Monde*, 12 septembre 1996.

44. Cité dans Blanca Riemer, "Washington menace l'OMC après sa « mise en examen » sur Cuba" , *La Tribune*, 21 novembre, 1996.

45. En français Agétac : Accord général sur les tarifs douaniers et le commerce.

46. "Les entreprises européennes, très présentes en Libye, sont les principales concernées" , *Le Monde*, 7 août 1996. Article non signé.

47. "Pétrole : Elf double la mise en Iran" , *Les Échos*, 6 avril 1999, non signé.

48. Patrick Seale, "Worlwide Angers Erupts Over D'Amato-Kennedy Act" , *Washington Report on Middle East Affairs*, octobre 1996, p. 23. Consulté sur internet le 4 février 2018. https://www.wrmeaorg/1996-october/worldwide-angers-erupts-over-d-amato-kennedyact.html.

49. Communication d'Alain-Marc Irissou, in Habib Gherari, Sandra Szurek (sous la dir.), *Sanctions unilatérales, mondialisation du commerce et ordre juridique international*, Cedin-Paris X Nanterre, Montchrestien, 1998, p. 113.

50. Communication de Pierre Villeroil, in *ibid.*, p. 123.

51. D. Farah,"Cubans Blame Slowdown on Helms-Burton Act", *The Washington Post*, 25 janvier 1997.

52. P. Blustein,"Mexican Firm Quits Cuba in Face of US Sanctions", *The Washing ton Post*, 30 mai 1996.

53. 除了公共卫生、安全和国家安全的原因。然而，与古巴有业务关系的加拿大和墨西哥企业似乎并未对美国的国家安全构成威胁。参见 Michel Cosnard,"Les lois Helms-Burton et D'Amato-Kennedy, interdiction de commercer avec et d'investir dans certains pays", *Annuaire français de droit international,* vol. 42, 1996. p. 55。

54. Steven Lee Myers,"One Key Element in Anti-Cuba Law Posponed Again", *New York Times*, 4 janvier 1997.

55. Juan O. Tomayo,"Miami Man in Illegal Business with Cuba Faces 35 Years of

Prison", *Miami Herald*, 5 février 2013.

56. Akram Ellyas,"L'accord entre la France et Cuba irrite Washington", *La Tribune*, 28 avril 1997.
57. 参见法国政府与古巴政府就相互鼓励和保护投资达成的协议。https://www.senat.fr/leg/pjl97-258.html.
58. 法国企业运动联盟的前身。
59. Paula Broyer,"Commerce international. Cuba reste une destination pour les entreprises françaises. Malgré les lois américaines qui menacent de sanctionner les entreprises qui investissent à Cuba, en Libye et en Iran, le CNPF continuera de faire la promotion de Cuba auprès des entreprises françaises. Le gouvernement cherche à contrer les menaces commerciales américaines", *La Croix*, 6 septembre 1996.
60. Vittorio De Filippis,"Havana Club, rhum de discorde", *Libération*, 5 juillet 2000.
61. Hernando Calvo Ospina, *Rhum Bacardi. CIA, Cuba et mondialisation*, éditions EPO, 2000.
62. Voir Ali Laïdi (avec Denis Lanvaux), *Les Secrets de la guerre économique*, Seuil, 2004, p. 104-107.
63. Jean Watin-Augouard, "Havana Club. Miroir et acteur de la culture cubaine", *La Revue des marques*, no 96, octobre 2016, p. 46. http:// www.prodimarques.com/revue-des-marques/numero-96/pdf/37havana-club-miroir-et-acteur-de-la-culture-cubaine.pdf.

第3章

1. Enron, WorldCom, Texaco Inc., Conseco Inc., Financial Corp. of America, Global Cro-ssing Limited, Pacific Gas and Electric Co··· Voir Frédéric Marty, "Le cas Enron : lesenseignements pour la réglementation", 2006, <halshs-00010371>, p. 4. https://halshs.archivesouvertes.fr/halshs-00010371/document.
2. Hervé Stolowy, Eduard Pujol, Mauro Molinari,"Audit financier et contrôle interne. L'apport de la loi Sarbanes-Oxley", *Revue française de gestion*, vol. n°147, n° 6, 2003, p. 133-143. https://www.cairn. info/revue-francaise-de-gestion-2003-6-page-133.htm.

3. Adam Tooze, *Crashed. Comment une décennie de crise financière a changé le monde*, Les Belles Lettres, 2018, p. 75.
4. Michèle Rioux,"WorldCom : simple écart de conduite ou dérive du capitalisme américain ?", Observatoire des Amériques, août 2002. http://www.ieim.uqam.ca/IMG/pdf/Chro_TIC1.pdf.
5. Nicolas Madeleine,"WorldCom, retour sur un scandale", *Les Échos*, 16 mars 2005.
6. Paul Lanois, *L'Effet extraterritorial de la loi Sarbanes-Oxley*, Revue Banque éd., 2008.
7. 美国《银行保密法》主要通过财政部下属机构通货监理局实施。
8. Rappelons que la *compliance* (conformité en français) consiste à vérifier que les com-portements, les pratiques et les méthodes des entreprises sont conformes à la législatio-n et à l'éthique. Voir K. Dud zinska, F. Morelle, B. Manivit, E.Marquer, *Le Guide pr-atique de la conformité*, Larcier éd., 2017. Et Christophe Roquilly, Christophe Collard, *De la conformité réglementaire à la performance : pour une approche multidimension-elle du risque juridique*, Lille, EDHEC, septembre 2009. https://www.edhec.edu/sites/www.edhec-portail.pprod.net/files/publications/pdf/com.univ.collaboratif.utils.LectureFichiergw%3FID_FICHIER%3D1328885973394jpg.
9. La *due diligence* (diligence en français) permet de s'assurer que les tiers avec lesquelsl'entreprise traite respectent les règles et les lois. Il arrive également que les entreprises commanditent une mission de *due diligence* à un cabinet externe afin de cerner les risques qu'il y aurait à contracter avec tel partenaire ou à investir dans telle société.
10. https://www.occ.treas.gov/topics/compliance-bsa/bsa/index-bsa.html.
11. "HSBC Holdings Plc. and HSBC Bank USA N. A. Admit to AntiMoney Laundering and Sanctions Violations, Forfeit $1.256 Billion in Deferred Prosecution Agreement", 11 décembre 2012, Department of Justice, Office of Public Affairs. https://www.justice.gov/opa/pr/ hsbc-holdings-plc-and-hsbc-bank-usa-na-admit-anti-money-laundering-and-sanctions-violations.
12. US Patriot Act, titre III, section 302-a-3. https://www.govtrack. us/congress/

bills/107/hr3162.

13. “Shoah, plainte contre la SNCF aux USA”, *L'Obs*, 8 septembre 2001. Non signé.
14. AFP/AP/Reuters,“La France va verser 60 millions de dollars aux victimes américainesde la Shoah”, *Le Figaro*, 5 décembre 2014.
15. 2015 年 10 月 21 日出台的 2015-1323 号法令是法国及美国政府就从法国驱逐出境的和不受相关法国计划保障的美籍大屠杀受害者达成的协议（带有附件）的出版版本，该协议于 2014 年 9 月 8 日在华盛顿签订。https://www.legifrance.gouv.fr/eli/ decret/2015/10/21/MAEJ1524557D/jo/texte.
16. 同上。
17. “États-Unis : des familles de victimes de la Shoah attaquent la SNCF”, *L'Express*-AFP,17 avril 2015.
18. Bank Marzaki v. Peterson, 136 S. Ct. 1310 (2016). Voir https://www.supremecourt.gov/opinions/15pdf/14-770_9o6b.pdf.
19. 根据议会咨情代表团 2016 年的报告，12 000 是列为 “S” 类的人数指标（危及国家安全）。详见：http://www2.assemblee-nationale.fr/ static/14/DPR/i4573.pdf。
20. 《联合全面行动计划》是 P5+1 集团（联合国安理会 5 个常任理事国及德国）于 2015 年 7 月签署的协议。针对伊朗的大部分经济制裁可以逐级取消；作为交换，伊朗则要尽快停止核计划。

第 4 章

1. Diane Protat, “Les aspects laïques dans les procédures civiles et pénales” , *Revue internationale de droit comparé*, vol. 66, n°3, 2014, p. 740. https://www.persee.fr/doc/ridc_0035-3337_2014_num_66_3_20415.
2. George Fisher, *Plea Bargaining's Triomph, A History of Plea Bargaining in America*, Stanford University Press, 2003.
3. Cour suprême, affaire Brady v. United States, 397 US 742, 748 (1970). Cité et traduit par Jean Pradel,“Le plaider coupable, confrontation des droits américain, italien et francais”, *Revue internationale de droit comparé*, vol. 57, n°2, 2005, p. 481. https://www.persee.fr/ doc/ridc_0035-3337_2005_num_57_2_19357.

4. Antoine Garapon, Ioannis Papadopoulos, *Juger en Amérique et en France*, Odile Jacob, 2003, p. 72.
5. 美国财政部海外资产控制办公室的职责是确保在金融领域美国的各种国际制裁在合乎相关法律的情况下运行落实，特别是在《反海外腐败法》的框架下。这个金融监管机构下辖于美国财政部，拥有 200 名雇员和 3 000 万美元的预算。
6. Olivier Boulon,"Une justice négociée", in Antoine Garapon, Pierre Servan-Schreiber (sous la dir.), *Deals de justice. Le marché américain de l'obéissance mondialisée*, PUF, 2013, p. 42.
7. Jean Pradel,"Le plaider coupable, confrontation des droits américain, italien et francais", *Revue internationale de droit comparé*, vol. 57, no 2, 2005, p. 484.
8. Edward Wyatt,"Judge Blocks Citigroup Settlement With SEC", *New York Times*, 28 novembre 2011.
9. Les conclusions du juge sont lisibles ici : http://www.nysd.uscourts. gov/cases/show.php?db=special&id=138.
10. Joseph Ax,"US judge Reluctantly Approves SEC Citigroup $285 million Deal", Reuters, 5 août 2014.
11. 2018 年 1 月在巴黎的采访。
12. 美国起草的经合组织《反贿赂公约》第三期实施情况报告，2010，第 5–6 页。
13. 由美国司法部刑事犯罪署和美国证券交易委员会执法署联合起草。https://www.documentcloud.org/documents/515229-aresource-guide-to-the-u-s-foreign-corrupt.html.
14. 2018 年 9 月的采访。
15. Olivier Boulon,"Une justice négociée", in Antoine Garapon, Pierre Servan-Schreiber (sous la dir.), Deals de justice. *Le marché américain de l'obéissance mondialisée*, PUF, 2013, p. 70.
16. 奥利维尔 · 布隆援引了波德莱尔《恶之花》中一首诗的名字，L'Héautontimoro-uménos（希腊语意为"自戕者"）同上，第 41–43 页。
17. 2018 年 1 月的采访。
18. 2018 年 2 月在巴黎的采访。
19. 同上。

20. 2018 年 5 月在巴黎的采访。
21. 2018 年 6 月在伦敦的采访。
22. 在律师公会中的分摊会费由律所的营业额决定。
23. 新附录第 24 条。"Vademecum de l'avocat chargé d'une enquête interne", séance du Conseil de l'Ordre du mardi 13 septembre 2016. http://www.avocatparis.org/mon-metier-davocat/publicationsdu-conseil/nouvelle-annexe-xxiv-vademecum-de-lavocat-charge-dune.
24. 得名于 2008 年将其归纳总结出来的司法人员马克 · 罗伯特 · 菲利普，当时他担任副检察官。 https://www.justice.gov/ criminal-fraud/page/file/937501/download.
25. "BNP Paribas Agrees to Plead Guilty and to Pay $8.9 Billion for Illegally Processing Financial Transactions for Countries Subject to US Economic Sanctions", 30 juin 2014. https://www.justice.gov/ opa/pr/bnp-paribas-agrees-plead-guilty-and-pay-89-billion-illegally-processing-financial.
26. "Alstom Pleads Guilty and Agrees to Pay $772 Million Criminal Penalty to Resolve Foreign Bribery Charges", DOJ, 22 décembre 2014. https://www.justice.gov/opa/pr/alstom-pleads-guilty-and-agrees-pay772-million-criminal-penalty-resolve-foreign-bribery.
27. "Former Morgan Stanley Managing Director Pleads Guilty for Role in Evading Internal Controls Required by FCPA", 25 avril 2012, Department of Justice. https://www.justice.gov/opa/pr/former-morgan-stanley-managing-director-pleads-guilty-role-evadinginternal-controls-required.
28. "L'application extraterritoriale du droit américain, fer de lance de la régulation économique internationale", *Les Cahiers*, En temps réel (think tank), décembre 2014.
29. 1968 年 7 月 26 日第 68 号法令 678 条执法范围为将经贸、工业、金融或技术文件情报泄露给外国法人或自然人的行为。1980 年 7 月 16 日第 80 号法令 538 条修改完善了该法令，称《封锁法》。
30. Pierre Lellouche, Karine Berger,"Rapport d'information sur l'extraterritorialité de la législation américaine", *op. cit.*, p. 69.
31. 自 2016 年改称法国反腐败局。

32. 2018 年 3 月在巴黎的采访。
33. Rapport n° 1814 d'Alain Mayoud au nom de la commission de la production et des échanges de l'Assemblée nationale, 19 juin 1980.
34. https://www.legifrance.gouv.fr/affichJuriJudi.do?idTexte=JURITEXT000017837490. 访问于 2018 年 11 月 2 日。
35. Bryan Cave LLP,"La loi de blocage : une protection française efficace contre les procédures de communication de preuves internationales ?", *Bulletin*, juin 2014. https://www.bryancave.com/images/ content/2/1/v2/2182/ComLit-Alert-FR-6-19.pdf.
36. Société nationale industrielle aérospatiale v. United States District Court for the Southern District of Iowa, 482 US 522 (1987).
37. 2017 年 9 月的采访。
38. Isabella Steger,"Standard Chartered Chairman Retracts Comments on US Sanction Violations", *Wall Street Journal*, 21 mars 2013.
39. 即 1966 年《公民权利及政治权利国际公约》。
40. CJUE, 11 février 2003, n° 187/01.
41. Stephen Breyer, *La Cour suprême, le droit américain et le monde*, trad. Renaud Beauchard, Odile Jacob, 2015, p. 117.
42. Morrison v. National Australia Bank.
43. Cour suprême, Hale v. Henkel, 1906. Décision confirmée en 1974 dans le cas Bellis v. United States et en 1988 dans le cas Braswell v. United States.
44. https://law.justia.com/cases/federal/appellate-courts/ca2/161010/16-1010-2018-08-24.html. 访问于 2018 年 9 月 24 日。
45. Maître Sophie Scemla, "Le FCPA n'a pas un champ d'application extraterritorial automatique", revue *actuEL Direction juridique*, 2 octobre 2018. http://www.actuel-direction-juridique.fr/content/le-fcpa-na-pas-un-champ-dapplication-extraterritorial-automatiqueindique-m-scemla.
46. Félix de Belloy et Ralph Moughanie, "Une brèche dans la suprématie juridique américaine", *Le Monde*, 26 octobre 2018.

第5章

1. 2018年3月于巴黎的采访。我曾数次邀请皮埃尔·勒鲁什参与采访，但我们的时间总是对不上。
2. 参见第3章，美国是如何用自己的手段制裁伊朗的。
3. Pierre Lellouche, Karine Berger,“Rapport d’information sur l’extraterritorialité de la législation américaine”, *op. cit*.
4. 同上，第109页。
5. 同上，第124页。
6. “Activité de la délégation parlementaire au renseignement pour l’année 2017”, rapport de M. Philippe Bas, sénateur, fait au nom de la délégation parlementaire au renseignement, Assemblée nationale (no 875), Sénat (no 424), 12 avril 2018.
7. 同上，第43页。
8. 亦受美国人启发。

第6章

1. Bruna Basini, Bernard Poulet, “Le droit, cheval de Troie de l’Amérique”, interview d’Emmanuel Rosenfeld et Jean Veil, *L’Express-L’Expansion*, 1er mai 2004.
2. 关于法国执行“经济合作与发展组织反腐败公约”的第三阶段报告，OCDE, octobre 2012, p.10-11. https://www.oecd.org/fr/daf/anti-corruption/FrancePhase3FR.pdf. Consulté le 24 avril 2018.
3. 2018年4月的采访。
4. 美国中央银行。
5. 2015年6月1日，该案第二阶段，共计14家法国企业同样被一审宣判无罪，包括雷诺卡车、罗格朗、施耐德电气等。Yohan Blavignat,“Affaire « Pétrole contre nourriture » II : quatorze sociétés jugées en appel à Paris”, *Le Figaro*, 21 novembre 2018.
6. 2017年6月的采访。
7. Loi n。2016-1691 du 9 décembre 2016. https://www.legifrance.gouv.fr/

affichLoiPubliee.do?idDocument=JORFDOLE000032319792&type=general&legislature=14.

8. 其余一部分罚款由 banque française 文中通译为法国银行的瑞士分行缴纳。详见第 7 章。
9. Pierre Lellouche, Karine Berger,"Rapport d'information sur l'extraterritorialité de la législation américaine", *op. cit.*, p. 35.
10. 2017 年 6 月的采访。
11. 《萨潘第二法案》中包括"基于公共利益的司法协议"的内容。
12. Cour d'appel de Paris. Tribunal de grande instance de Paris. Parquet national financier.N/Réf. : PNF 11 024 092 018. JIRSIF 14/9. Consulté le 18 décembre 2018. https://www.economie.gouv.fr/files/ files/directions_services/afa/CJIP_HSBC.pdf.
13. 其中 8 600 万欧元为 2006—2007 年逃税所得，另外，因不予配合而需缴纳的补偿罚款为 7 100 万欧元。
14. Le Club des juristes, 21 novembre 2017. Consulté le 18 mars 2018. http://www.leclubdesjuristes.com/3-questions-a-antoine-gaudemetconvention-judiciaire-dinteret-public/.
15. 2018 年 1 月于巴黎的采访。

第 7 章

1. Antoine Garapon, Pierre Servan-Schreiber (sous la dir.), *Deals de justice. Le marché américain de l'obéissance mondialisée*, PUF, 2003, p. 20.
2. 斯坦福大学法学院《反海外腐败法》信息交流中心。http://fcpa.stanford. edu. 单击"高级搜索"，然后"执行操作"，最后"执行对象"。
3. http://fcpa.stanford.edu/statistics-heat-maps.html.
4. 一张非常清楚的表格，展示了从 2000 年开始美国证券交易委员会和美国司法部案件数量的飞速增长。http://fcpa.stanford.edu/ statistics-analytics.html.
5. US v. Statoil, ASA, n°1:06-CR-00960-RJH-1 (SDNY 2006).
6. 2018 年 4 月中兴公司因违犯伊朗禁运令而被制裁，表明美国也打算攻击中国的公司。一位土耳其银行家也因违犯伊朗禁运令在 2018 年 5 月 16 日被曼哈顿的法院判处 32 年监禁。Marie Jégo,"Un banquier turc condamné aux États-Unis pour avoir violé l'embargo américain contre l'Iran", *Le Monde*, 17 mai 2018.

7. Pierre Lellouche, Karine Berger,"Rapport d'information sur l'extraterritorialité de la législation américaine", *op. cit.*, p. 28.
8. Leslie Wayne,"Foreign Firms Most Affected by a US Law Barring Bribes", *New York Times,* 3 septembre 2012.
9. 详细排名参见理查德·L. 卡辛创立的美国《反海外腐败法》博客，每年都会统计美国司法部的处罚决定：The FCPA blog. http://www.fcpablog.com/.
10. 2017 年 10 月在巴黎和 2018 年 6 月在伦敦的两次采访。
11. United States of America v. Siemens Aktiengesellschaft, Department's sententing memorandum, 12 décembre 2008, p. 3.
12. https://www.justice.gov/opa/pr/alcatel-lucent-sa-and-three-subsidiaries-agree-pay-92-million-resolve-foreign-corrupt.
13. 在由奥利维尔·马莱克斯主持的听证会上，皮埃尔·拉波特在调查委员会前所做的陈述，后者负责审查国家在工业政策方面的决定，第 492 页。http://www2.assemblee-nationale.fr/15/autres-commissions/commissions-d-enquete/commission-d-enquete-sur-les-decisions-de-l-etat-en-matiere-depolitique-industrielle-notamment-dans-les-cas-d-alstom-d-alcatelet-de-stx/(block)/RapEnquete.
14. 同上，第 493 页。
15. 关于法国执行经济合作与发展组织《反腐败公约》的第三阶段报告，2012 年 10 月。https:// www.oecd.org/fr/daf/anti-corruption/FrancePhase3FR.pdf.
16. 之后又有四名高管在美国被捕。
17. 2018 年 4 月 4 日星期三，由奥利维尔·马莱克斯主持的听证会上，柏珂龙在调查委员会面前所做的陈述，后者负责审查国家在工业政策方面的决定。
18. Avant-propos d'Olivier Marleix, op. cit., 19 avril 2018, p. 4.
19. 2017 年，皮耶鲁奇在纽黑文联邦法院因腐败被判处 30 个月监禁及两万美元罚款。他于 2013 年 4 月 3 日至 2014 年 6 月被审前羁押 14 个月，并于 2017 年 10 月开始重新执行剩余的刑期。Matthieu Aron avec Caroline Michel,"Le prisonnier de l'affaire Alstom", *L'Obs*, n° 2787, 5 avril 2018.

20. Jean-Michel Quatrepoint, *Alstom, scandale d'État. Dernière liquidation de l'industrie française*, Fayard, 2015, p. 109.
21. 负责审查国家工业政策的调查委员会报告，主要涉及近期的企业合并，特别是阿尔斯通、阿尔卡特和 STX，以及如何在贸易全球化的背景下采取可行策略保护本国的工业旗舰企业。奥利维尔・马莱克斯于 2018 年 3 月 15 日周四下午 4 点主持的会议，会议持续了 16 个小时。Compte rendu n° 36, p. 2. www.assemblee-nationale.fr/15/pdf/cr-cepolind/17-18/c1718036.pdf.
22. 该法令将 2005 年《货币和金融法》第 R153-2 条的适用范围扩大到水、卫生、能源、运输和电信领域。此后的《公约法》(第 55 条)还将进一步扩充该法令。
23. 2018 年 5 月 10 日，阿尔斯通与通用电气签署协议，以 26 亿欧元现金的价格出售在三家合资企业中的股份，股东们惊喜不已。但是，法国政府仍然在生产核电站涡轮机（尤其是 Arabelle 涡轮机）的企业中拥有“黄金股”，这种安排赋予它审查甚至否决通用电气该部门的某些战略性决策的权力。目前还不清楚政府是否会迫使通用电气在法国保留工作岗位，因为这家美国公司目前经营不善。2018 年 10 月 1 日，通用电气解雇了业绩不佳的首席执行官约翰・弗兰纳里（第三季度历史性亏损 200 亿欧元）。新任首席执行官劳伦斯・卡尔普宣布对曾在 2015 年兼并阿尔斯通的能源部门进行重组。Jean-Michel Bezat, "GE impose un remède de cheval à son pôle énergie", *Le Monde*, 1er et 2 novembre 2018.
24. 皮埃尔·拉波特的听证，负责审查国家工业政策的调查委员会，*op. cit.*, 第 5 页。
25 阿尔斯通签署了《延缓起诉协议》，而负责支付非法款项的阿尔斯通瑞士公共关系部则选择认罪。
26. 皮埃尔・拉波特的听证，负责审查国家工业政策的调查委员会，*op. cit.*, 第 504 页。
27. Avant-propos d'Olivier Marleix, *op. cit.*, p. 4.
28. 2017 年 12 月在巴黎的采访。
29. 2015 年，该银行因违犯禁运令而被罚款 7.87 亿美元。2018 年 10 月，经过三年时间，美国司法部结束了对它的监督。Anne Bodescot, "Aux États-Unis, le Crédit agricole sort de trois ans de mise à l'épreuve", *Le Figaro*, 23 octobre 2018.
30. 这是伦敦市场每天计算的不同货币的基准利率，它可以确定银行间互相借贷的利率。

31. 即丹妮尔·辛丁格尔和穆里尔·贝斯康德。2018 年 12 月 17 日，贝斯康德向纽约东区联邦法院提出申请，要求撤销针对她的起诉，认定时效已过，而且美国的利益并未受到损害。Arnaud Leparmentier,“Les trésorières de la Société générale à la merci de la justice américaine”, *Le Monde*, 18 décembre 2018 ; Valérie de Senneville,“Les cadres, grands perdants de la justice négociée”, *Les Échos*, 14 et 15 décembre 2018.
32. 2017 年 9 月在巴黎的采访。
33. 2017 年 10 月在巴黎的采访。
34. 2018 年 6 月在伦敦的采访。
35. Benjamin Masse-Stamberger,“Le rapport qui aurait dû alerter BNP Paribas”, *Le Vif/L'Express*, 27 juin 2014.
36. Olivier de Maison Rouge, *Le Droit de l'intelligence économique. Patrimoine informationnel et secrets d'affaires*, Lamy, 2012, p. 117.
37. 《关于从国外调取民事或商事证据的公约》，编号 0.274.132，海牙，1970 年 3 月 18 日。
38. 2017 年 9 月的采访。
39. 即德希尼布（Technip）、斯纳姆普罗吉蒂（Snamprogetti）、哈里伯顿 KBR（Halliburton KBR）和日本天然气公司（JGC Corporation）的首字母简写。
40. “SEC Charges Technip with FCPA Violations”, Release 2010110, 28 juin 2010. https://www.sec.gov/news/press/2010/2010110.htm. Voir également le communiqué du DOJ : “Technip SA Resolves Foreign Corrupt Practices Act Investigation and Agrees to Pay $240 Million Criminal Penalty.” https://www.justice.gov/opa/ pr/technip-sa-resolves-foreign-corrupt-practices-act-investigationand-agrees-pay-240-million.

第 8 章

1. Marie-Béatrice Baudet, Dominique Gallois, Chloé Aeberhardt, “Les dessous de l'opération mains propres en cours chez Airbus”, *Le Monde*, 14 octobre 2017.
2. 虽然空中客车是一家私营公司，但曾由法国和德国这两个国家共有。
3. 2018 年 5 月在巴黎的采访。
4. 比如与波音公司或美国航天航空巨头诺斯罗普·格鲁曼公司联手。

5. 2018 年 5 月在巴黎的采访。
6. Propos recueillis par Marie-Béatrice Baudet, Dominique Gallois et Guy Dutheil, *Le Monde*, 13 octobre 2017.
7. 2018 年 5 月在巴黎的采访。
8. Simon Goodley,"ENRC Splits with US Law Firm Overseeing Corruption Inquiry", *The Guardian*, 11 avril 2013.
9. Bruno Trévidic,"Airbus change de directeur commercial en plein vol", *Les* Échos, 14 et 15 septembre 2018.
10. 2018 年 5 月在巴黎的采访。
11. 同上。
12. 同上。
13. 2018 年 6 月的采访。
14. Gaëlle Fleitour,"3 700 postes impactés chez Airbus dont 470 en France", *L'Usine nouvelle*, 7 mars 2018.
15. Chloé Aeberhardt, Marie-Béatrice Baudet, avec Vincent Nouvet et Stéphanie Pierre,"La justice américaine a ouvert une enquête sur Airbus", *Le Monde*, 21 décembre 2018.
16. 2017 年 9 月至 2018 年 6 月在巴黎进行了多次采访。
17. 该机构还获得了洛克菲勒、家乐氏公司及福特基金会的资助。
18. 法国核巨头以高价购买铀矿。

第 9 章

1. 2018 年 6 月在伦敦的采访。
2. Jessica Silver-Greenberg,"British Bank in $340 Million Settlement for Laundering", *The New York Times*, 14 août 2012. https://www. nytimes.com/2012/08/15/business/standard-chartered-settles-withnew-york-for-340-million.html.
3. "NYDFS announces Commerzbank to pay $1,45 billion, terminate employees, install independent monitor for banking law violations", communiqué de presse, 12 mars 2015. https://www.dfs. ny.gov/about/ea/ea150312.pdf.
4. 麦道夫设计了“庞氏骗局”，用新投资者的钱向老投资者支付利息。

第 10 章

1. Paule Gonzalès, "Les cabinets d'avocats anglo-saxons, chevaux de Troie de la justice américaine", *Le Figaro*, 14 novembre 2018.
2. United States District Court for the District of Columbia, Department's sentencing memorandum, United States of America v. Siemens Aktiengesellschaft, 12 décembre 2008, p. 19. https://www. mayerbrown.com/public_docs/Siemens_Sentencing_Memo.pdf. Consulté en mai et novembre 2018, p. 3.
3. United States District Court Southern District of Florida, United States of America v. Alcatel-Lucent SA, Government's memorandum in support of the proposed plea agreements and deferred prosecution agreement, 23 mai 2011, p.13. http://fcpa.stanford.edu/fcpac/ documents/4000/003099.pdf.
4. Entretien avec Dominique Gallois, Le Monde économie, 1er décembre 2017.
5. Armelle Thoraval,"Ces morts qui hantent les frégates", *Libération*, 20 juin 2002.
6. AFP/Reuters,"L'affaire Matra-Thomson s'achève par une relaxe générale", *Le Monde*, 6 février 2006.
7. 2018 年 3 月在巴黎的采访。
8. 2018 年 6 月在伦敦的采访。
9. 艾伦・杜勒斯，美国中央情报局首位文职出身的局长，曾在苏利文与克伦威尔律师事务所工作。
10. https://www.clearygottlieb.com/practice-landing/brussels. 访问于 2018 年 11 月 18 日。
11. 法律互助协定是指两国为在调查方面促进司法及执法合作签署的协定。法美两国于 1998 年签署法律互助协定。
12. Olivier Boulon,"Une justice négociée", in Antoine Garapon, Pierre Servan-Schreiber (sous la dir.), *Deals de justice. Le marché américain de l'obéissance mondialisée*, PUF, 2013, p. 77.
13. 2018 年 10 月在巴黎的采访。
14. 同上。
15. 奥利维尔・多尔冈现在于休斯・哈伯德和里德律师事务所任职。
16. 在被任命为战略信息及经济安全专员前，让 – 巴蒂斯特・卡尔庞捷一直领导非法金融资本流动的信息搜集和处理机构，该机构隶属法国经济部，旨在打击走私、洗钱及恐怖主义融资。

17. Caura Barszcz, “La typologie de la profession d’avocat : l’exemple des avocats d’affaires”, Pouvoirs, no 140, 2012/1, p. 29. Le-Jean-Marie Burguburu,“Contenu et limites du secret professionnel”, Le Cercle du barreau. http://www.cercle-dubarreau.org/media/01/02/992576139.pdf.
18. 2018 年 1 月在巴黎的采访。
19. Bruce Zagaris, *International White Collar Crime : Case and Materials*, Cambridge University Press, New York, 2010, p. 110.
20. United States District Court for the District of Columbia, Department’s sentencing memorandum, United States of America v. Siemens Aktiengesellschaft, 12 décembre 2008, p. 19. https://www. mayerbrown.com/public_docs/Siemens_Sentencing_Memo.pdf. Consulté en mai et novembre 2018.
21. 同上，第 2—3 页。
22. “To date, Siemens has spent over $100 million on document collection, review, processing and storage, including those facilities in Germany and China”, *ibid.*, p. 21.
23. Pierre Lellouche, Karine Berger,“Rapport d’information sur l’extraterritorialité de la législation américaine”, op. cit., p. 70.
24. Gilles August,“L’internationalisation de la profession d’avocat”, *Pouvoirs*, n° 140, 2012/1, p. 54.
25. Lucien Karpik,“Les avocats : entre le renouveau et le déclin”, *Hermès*, *La Revue*, n° 35, 2003/1, p. 1.
26. Fernand-Charles Jeantet,“Le rôle de l’avocat, conseil des sociétés”, *La Vie judiciaire*, 28 décembre-2 janvier 1965, p. 1 et 5.
27. Antoine Vauchez,“L’avocat d’affaires : un professionnel de la classe dirigeante ?”, *Savoir/Agir*, n° 19, 2012/1, p. 43.
28. 同上。Voir également, la thèse de Laurent Gueguen, *L’Invention du droit des affaires. La construction doctrinale d’un savoir spécialisée alliant la rationalité gestionnaire au langage juridique*, université Paris I, 2005.
29. *Juristes associés*, 473/474, 22 septembre 2017.

30. Gilles August,"L'internationalisation de la profession d'avocat", *Pouvoirs*, n° 140, 2012/1, p. 57.
31. Ce sont les plus grands cabinets mondiaux de l'audit financier : Deloitte, PWC, Ernst & Young, KPMG.
32. Lucien Karpik,"Les avocats : entre le renouveau et le déclin", Hermès, *La Revue*, n° 35, 2003/1, p. 205.
33. Philip Aneurin Thomas, *Tomorrow's Lawyers*, Basil Blackwell, 1992.
34. E. O. Smigel, *The Wall Street Lawyer : Professional Organization Man ?,* Indiana University Press, Bloomington, 1964.
35. Marc Galanter,"Mega-Law and Mega-Lawyering in the Contemporary United States", in R. Dingwall et P. Lewis, *The Sociology of the Professions : Lawyers, Doctors and Others*, Macmillan, 1983, p. 152. Consulté sur le web le 11 mars 2018. www.academia.edu/884244/ Mega-law_and_mega-lawyering_in_the_contemporary_United_States.
36. *Juristes associés*, 475/476, 6 octobre 2017.
37. *Juristes associés*, 473/474, 22 septembre 2017.
38. *Décideurs Magazine*, classement 2017. https://www.magazine-decideurs.com/decideurs-100/edition2017.
39. 其中包括公共及私营两大领域。详见法务市场经济行为体观察所的报告。2018 年 3 月 11 日查阅。 http://web.lexisnexis.fr/ LexisActu/EY-ObservatoiredesActeursEconomiquesduMarché%20 du%20Droit.pdf.
40. Caura Barszcz,"La typologie de la profession d'avocat : l'exemple des avocats d'affaires", *Pouvoirs*, no 140, 2012/1, p. 29.
41. Frédéric Peltier,"Le Brexit, une chance pour construire un droit des affaires européen", *Le Monde*, 29 mars 2018.
42. Thibault du Manoir du Juaye,"La guerre du droit aura bien lieu", in *Les Robes noires dans la guerre économique*, éditions Nouveau Monde, 2011.
43. Arnaud Dumourier,"Droit continental *versus common law* : des enjeux économiques, financiers et d'influence", *Le Monde du droit*, 23 février 2018.
44. 参见 Emmanuel Rosenfeld, Jean Veil,"Le droit, vecteur de la puissance américaine", *Le Monde*, 13 février 2004。Plus récemment la tribune de Bruno Retailleau (président

du groupe Les Républicains au Sénat),"L'Europe doit riposter à l'impérialisme juridique américain", *Les Échos*, 16 octobre 2018.

45. "Propositions pour évaluer la qualité des climats des affaires", Comité national des conseillers du Commerce extérieur de la France, juillet 2010.
46. Entretien accordé à la *Revue Lamy Droit des affaires*, n° 65, novembre 2011.
47. 2010 年，世界 24% 的人口都应用大陆法系，而仅有 6.5% 的人应用普通法系中，*Legal News*, 27 octobre 2011。

第 11 章

1. 他在 1975—1991 年期间先后担任西非、东非以及拉丁美洲的区域总监。
2. Guillaume Louis, "De l'opacité à la transparence : les limites de l'indice de perception de la corruption de Transparency International", *Déviance et Société*, vol. 31, 2007/1,p. 62.
3. Bernard Carayon, "Transparency International : une éthique à géométrie variable", *Le Figaro*, 10 décembre 2012.
4. Jean Cartier-Bresson, "La Banque mondiale, la corruption et la gouvernance", *Revue Tiers Monde*, t. 41, n° 161, 2000, p. 165-192.
5. "Helping Countries Combat Corruption : The Role of the World Bank", World Bank, septembre 1997.
6. 为了释放一国经济必须遵守的一系列自由主义（甚至是新自由主义）规则。
7. Préface du livre de Jean-François Tacheau, *Stratégies d'expansion du nouvel empire global*, L'Âge d'homme, 2001, p. 18.
8. 同上。
9. "遏制战略"旨在打击共产主义的影响力。
10. Yves Dezalay, Bryant Garth, "Droits de l'homme et philanthro-pie hégémonique", *Actes de la recherche en sciences sociales*, 121-122, 1998, p. 24.
11. William E. Colby, "Political Action – In the Open", *The Washington Post*, 14 mars 1982.
12. Gerald Sussman, *Branding Democracy* : *US Regime Change in Post- Soviet Eastern Europe*, Peter Lang, 2010, p. 45.

13. “Anti-Corruption and Transparency Coalitions : Lessons from Peru, Paraguay, El Salvador and Bolivia”, août 2005. Voir https:// www.partnersglobal.org/wp-content/uploads/2017/01/LAC-anticorruption-coalitions-report.pdf.
14. John Mukum Mbaku, *Corruption in Africa : Causes, Consequences and Cleanups,* Lexington Books, 2010.
15. “USAID Anticorruption Strategy”, janvier 2005. https://www. usaid.gov/sites/default/files/documents/1868/200mbo.pdf., p. 10. Consulté le 20 février 2018.
16. *Trends in Organized Crime*, vol. 4, no 1, 1998.
17. 1995 年 10 月 21 日。
18. 这是介绍国际犯罪控制战略时强调的一段话，引自 1997 年 5 月的美国国家安全战略报告。
19. https://clintonwhitehouse4.archives.gov/WH/EOP/NSC/html/documents/iccs-frm.html.
20. 外国业务小组委员会于 1997 年 3 月向参议院拨款委员会所做的关于国际培训的声明。
21. “Ahmadinejad : Hidden War on Global Scale Waged Against Iran's Oil Sector”, *Iran Daily Brief*, 8 octobre 2012. Voir également : Adrian Blomfield,“Mahmoud Ahmadinejad Concedes Iran Sanctions Hurting Economy“, *The Telegraph*, 5 septembre 2012.
22. Juan C. Zarate, *Treasury's War. The Unleashing of a New Era of Financial Warfare*, Public Affairs, New York, 2013, p. ix.
23. 同上，第 384 页。
24. “The Honorable Juan C. Zarate, Testimony before the US House of Representatives Foreign Affairs Committee. Sanctions and Financial Pressure : Major National Security Tools”, 10 janvier 2018, p. 16.
25. Juan C. Zarate, *Treasury's War. The Unleashing of a New Era of Financial Warfare*, Public Affairs, New York, 2013, p. 383.
26. 同上，第 385 页。
27. “The Honorable Juan C. Zarate, Testimony before the US House of Representatives Foreign Affairs Committee. Sanctions and Financial Pressure : Major National Security Tools”, 10 janvier 2018, p. 5.

第 12 章

1. 详情参见第 4 章。
2. 这是 2010 年通过的《多德 - 弗兰克法案》中的措施，为了应对 2008 年的金融危机，并更好地规范市场。
3. 美国证券交易委员会的项目非常成功。毫无疑问这是个巨大的数目：在 2011— 2018 年将 3.26 亿美元用于奖励 59 名线人，因此美国证券交易委员会希望降低举报者的奖金。Elsa Conesa,"La SEC pourrait réduire les primes des lanceurs d'alerte", *Les Échos*, 14 et 15 décembre 2018.
4. Pierre Lellouche, Karine Berger,"Rapport d'information sur l'extraterritorialité de la législation américaine", *op. cit.*, p. 60.
5. 弗兰克 · 加德纳 · 威斯纳的儿子，也是中央情报局的探员。
6. Jeff Stein,"The Biggest CIA Shop You've Never Heard of", *Newsweek*, 14 novembre 2013.
7. Caroline E. Mayer,"Carlucci Supervised Arms at Sears", *The Washington Post*, 11 décembre 1986.
8. Dan Briody, *The Iron Triangle : Inside the Secret World of Carlyle Group*, John Wiley & Sons, 2003.
9. Nancy L. Ross,"Detective Firm Says It Uses Right-Wing Group's Data", *The Washington Post*, 27 janvier 1977.
10. Frédéric Charpier, *L'économie, c'est la guerre !*, Seuil, 2012.
11. *NSR-29,* The White House, 15 novembre 1991. https://fas.org/ irp/offdocs/nsr/nsr29.pdf. Consulté le 20 février 2018.
12. https://fas.org/irp/offdocs/nsd/nsd67.pdf. Consulté le 20 février 2018.
13. Tim Weiner, *Des cendres en héritage. L'histoire de la CIA*, éditions de Fallois, 2009, p. 392.
14. Voir https://www.govinfo.gov/app/details/GPO-INTELLIGENCE.
15. http://www.duncancampbell.org/menu/surveillance/echelon/ IC2001-Paper1.pdf. 22 et 23 janvier 2001. Consulté le 22 février 2018.
16. 2001 年 7 月 11 日的议会报告。http://www.europarl. europa.eu/sides/getDoc.

do?pubRef=-//EP//TEXT+REPORT+A52001-0264+0+DOC+XML+V0//FR. Consulté le 22 février 2018.

17. 同上。

18. 同上。

19. Paul Todd, Jonathan Bloch, *Global Intelligence. The World's Secret Service Today*, Zed Books, 2004, p. 77.

20. 行政命令 12829，1993 年 1 月 6 日。

21. 于 2018 年 2 月 20 日访问该网站。https://www.dni.gov/index.php/ ncsc-what-we-do/ncsc-threat-assessments-mission/ncsc-economicespionage.

22. 参见：Hélène Masson, *Les Fondements politiques de l'intelligence économique*, thèse, Paris Sud XI. http://masson-intelligence-economique.blogspot.fr/。另请参见 : Hélène Masson, *L'Intelligence économique, une histoire française*, Vuibert, 2012。

23. Claude Delesse, *NSA National Security Agency*, Tallandier, 2016, p. 84-85.

24. Franck Leroy, *Surveillance. Le risque totalitaire*, Actes Sud, 2014, p. 129.

25. 国家信号情报要求清单: information Need (IN) – France / Economic Developments : EEI : H-Foreign Contracts/ Feasibility Studies/Negotiations, 2012. Voir https://wikileaks.org/ nsa-france/spyorder/#spyorder1.

26. "Palantir, du côté obscur du big data", *Le Monde*, 10 octobre 2018.

27. 2018 年 4 月的采访。

28. 马德琳·奥尔布赖特在 1998 年使用的术语，她当时担任克林顿政府时期的美国国务卿。

29. 仅针对货物贸易。这一数字不包括服务贸易。

30. "2018 Trade Policy Agenda and 2017 Annual Report of the President of the United States on the Trade Agreements Program", Office of the United States Trade Representative, 1er mars 2018, p. 2.

31. 2018 年 3 月美国总统的声明。

32. 2018 年 3 月 23 日，美国宣布对中国进口美国的商品加征关税。

33. 在 1975—2016 年间总共投过 4 次反对票。

34. "Executive Orders. Presidential Order Regarding the Proposed Takeover of Qualcomm Incorporated by Broadcom Limited" , White House, 12 mars 2018.

https://www.whitehouse.gov/presidentialactions/presidential-order-regarding-proposed-takeover-qualcommincorporated-broadcom-limited/.

35. 美国联邦众议员毕廷泽和共和党参议员约翰·康宁。
36. https://home.treasury.gov/sites/default/files/2018-08/The-ForeignInvestment-Risk-Review-Modernization-Act-of-2018-FIRRMA_0.pdf.
37. 2018 年 1 月 22 日。
38. Pascal Dupeyrat,"Pour un contrôle crédible des investissements étrangers", *Les Échos*, 4 octobre 2018.
39. "Obama bloque le rachat d'Aixtron par le Chinois Grand Chip", *Le Figaro*/Reuters, 5 décembre 2016.
40. https://fr.scribd.com/document/374641879/Tech-CompaniesLetter-of-Support-for-Senate-CLOUD-Act-020618.
41. https://www.congress.gov/bill/115th-congress/house-bill/4943/text.
42. 1970 年 3 月 18 日。https://assets.hcch.net/docs/41558329-d3e0-44ce94ec-e827a1feff20.pdf.
43. 《海牙公约》第 12 条。
44. https://ec.europa.eu/info/sites/info/files/placeholder.pdf. 访问于 2018 年 6 月 11 日。

第 13 章

1. 2017 年 9 月在巴黎的采访。
2. 第 12870 号总统令。
3. 第 12835 号总统令。
4. 后更名为彼得森国际经济研究所。
5. 传统基金会于 20 世纪 80 年代支持里根总统，后来转而支持候选人特朗普，为他提供了支持和一些建议。特朗普在推特上承认他采纳了传统基金会 64% 的建议，如退出《巴黎协定》、增加军费开支、不再资助支持堕胎的国际组织等。Elsa Conesa,"États-Unis : comment la très conservatrice Heritage Foundation avance ses pions", *Les* Échos, 11 juillet 2018.
6. 阿米蒂奇咨询公司后更名为阿米蒂奇国际公司。
7. Patrick McGee, Ed Crooks,"General Electric Beats Siemens to Iraq Power-

Generation Contract", *Financial Times*, 17 octobre 2018. Les deux sociétés finiront par se partager le marché. Patrick McGee, Ed Crooks,"GE and Siemens Sign Agreements for Iraq Power Deals", *Financial Times*, 21 octobre 2018.

8. 其任期为 1981 年 1 月 —1982 年 7 月。
9. 这同样是某家经济情报公司在 21 世纪初撰写的一份机密报告中的定义。
10. 同上。
11. 约翰·阿尔奎拉和大卫·朗费尔特。
12. Voir l'article de ces deux auteurs : "The Promise of Noöpolitik", 2007. http://www.firstmonday.org/ojs/index.php/fm/article/ view/1971/1846. Consulté en mars 2018.
13. Sorbas von Coester,"Penser au-delà de la convention OCDE", revue Prospective stratégique, no 10, été 2002. Accessible à l'adresse suivante : http://european-security.com/n_index.php?id=3672. Consulté le 10 jan vier 2018.
14. 一家美国基金公司试图接管智能储存卡技术领域的领导者金普斯公司。Voir Nicolas Moinet, *Les Batailles secrètes de la science et de la technologie* : Gemplus et autres énigmes, Lavauzelle, 2003.
15. "La stratégie des fonds d'investissement américains dans les pays de la LOI", mercredi 1er juin 2005, direction des Affaires stratégiques (DAS), ministère de la Défense, p.2.
16. "Étude sur la stratégie du groupe Carlyle", mars 2003, Datops.
17. "La stratégie des fonds d'investissement américains dans les pays de la LOI", mercredi 1er juin 2005, direction des Affaires stratégiques (DAS), ministère de la Défense, p. 195-196.

第 14 章

1. 芬兰、瑞典、意大利、荷兰、德国、波兰、捷克、立陶宛、罗马尼亚、匈牙利、斯洛文尼亚、奥地利、英国、斯洛伐克、西班牙、爱尔兰。
2. 引文来自 2017 年 2 月法国外交部的内部备忘录。
3. Jürgen Huber,"Le dispositif législatif adopté par l'Union européenne pour neutraliser les effets des lois américaines Helms-Burton et D'Amato-Kennedy",

in Habib Gherari, Sandra Szurek (sous la dir.), *Sanctions unilatérales, mondialisation du commerce et ordre juridique international*, Cedin-Paris X Nanterre, Montchrestien, 1998, p. 220.

4. 2017 年 12 月在布鲁塞尔的采访。
5. 同上。
6. 《欧洲联盟条约》第 290 条。
7. 联合国安全理事会第 2231 号决议，2015 年 7 月 20 日。
8. 这一流程被称为“回撤”（snapback）。
9. “L'Iran appelle la justice internationale à bloquer les sanctions américaines”, Challenges/AFP, 27 août 2018. https://www.challenges.fr/monde/moyen-orient/l-iran-appelle-la-justice-internationale-a-bloquer-les-sanctions-americaines_608813.
10. Communiqué de presse de la Cour internationale de justice, du 3 octobre 2018. https://www.icj-cij.org/files/case-related/175/17520181003-PRE-01-00-FR.pdf.
11. 同上，第 4 页。
12. “Le retrait des États-Unis de l'accord de Vienne sur le programme nucléaire iranien : une situation juridique contrastée”, Le Club des juristes, synthèse du rapport de juillet 2018, p. 17.
13. 据美国国务卿迈克·蓬佩奥的表述。
14. 2018 年 5 月 21 日在传统基金会所做的演讲。https:// www.heritage.org/defense/event/after-the-deal-new-iran-strategy.
15. 2018 年 8 月 7 日的推文。
16. “Des contrats de plusieurs milliards s'envolent avec les sanctions américaines contre l'Iran”, *Le Monde*/AFP, 9 mai 2018.
17. Jean-Claude Juncker, “Discours sur l'état de l'Union 2018. L'heure de la souveraineté européenne”. https://ec.europa.eu/commission/priorities/state-union-speeches/state-union-2018_fr.
18. 另见雅克·德洛尔研究所关于应对欧洲主权受到的这一挑战的建议。Marie-Hélène Bérard, Farid Fatah, Pascal Lamy, Louis Schweitzer, Pierre Virmont,“L'Europe face aux sanctions américaines, quelle souveraineté ?”, *Policy Paper*, n° 232, 23 octobre 2018.

19. 2018 年 1 月 6 日，伊朗被注册为该银行的合伙人。但考虑到这种情况将涉及美元交易，欧洲投资银行最终撤回这一决定。
20. 2018 年 6 月 1 日和 2 日的《回声报》，以及 2018 年 6 月 2 日的《世界报》。
21. “Frequently Asked Questions Regarding the Re-Imposition of Sanctions Pursuant to t-he May 8, 2018 National Security Presidential Memorandum Relating to the Joint Comprehensive Plan of Action (JCPOA).” 8 mai 2018. https://www.treasury.gov/resourcecenter/sanctions/programs/documents/jcpoa_winddown_faqs.pdf.
22. 2018 年 11 月 5 日，美国为 8 个国家和地区提供了额外时限，允许它们在 6 个月内继续向伊朗购买石油。这些国家包括印度、中国、韩国、日本、土耳其、意大利、希腊和中国台湾地区。Yves Bourdillon,“Pétrole iranien : le gouvernement américain allège ses sanctions”, *Les Échos*, 5 novembre 2018. Virginie Robert,“Sanctions américaines contre l’Iran : huit pays exemptés”, *Les Échos*, 6 novembre 2018.
23. 2018 年 9 月 25 日的宣言。
24. AFP，2018 年 9 月 26 日。
25. Jean-Claude Juncker,“Discours sur l’état de l’Union 2018. L’heure de la souveraineté européenne”. https://ec.europa.eu/commission/ priorities/state-union-speeches/state-union-2018_fr, p. 11.
26. Barry Eichengreen,“Le roi dollar est nu”, *Le Monde*, 25 octobre 2018.

第 15 章

1. 向欧洲事务委员会参议员发表的声明。Philippe Bonnecarrère,“Rapport d’information fait au nom de la commission des affaires européennes, sur l’extraterritorialité des sanctions américaines : quelles réponses de l’Union européenne ?”, Sénat, 10 octobre 2018, p. 58.
2. 这项法律旨在保护公司的商业信息与技术信息，并惩罚违法者。
3. “Le retrait des États-Unis de l’accord de Vienne sur le programme nucléaire iranien : une situation juridique contrastée”, Le Club des juristes, synthèse du rapport, juillet 2018, p. 18.

4. 根据《欧洲联盟运行条约》第 288 条第 2 项。
5. 对帕特里克 · 圣 - 保罗的采访，《费加罗报》，2018 年 5 月 17 日。
6. 除非法国获得美国的豁免。发布于 2018 年 5 月 16 日，星期三。
7. 法国新闻社，2018 年 6 月 15 日。
8. 2018 年 7 月在巴黎的采访。
9. 巴黎上诉法院，2015 年 2 月 15 日，案号：n° 12/23757。
10. 法国最高法院商事庭，2017 年 2 月 8 日，案号：n° 15-20.553。
11. 特朗普政府于 2018 年 6 月 1 日决定，对进口自欧盟的钢铁和铝征收关税，威胁要对欧洲汽车征收进口税，特朗普指责欧洲和日本将美国药价高昂问题推到风头浪尖上。
12. 2018 年 5 月 10 日，埃玛纽埃尔 · 马克龙在德国亚琛领取查理曼奖时发表的演讲。
13. Philippe Bonnecarrère,"Rapport d'information fait au nom de la commission des affaires européennes, sur l'extraterritorialité des sanctions américaines : quelles réponses de l'Union européenne ?", Sénat, 10 octobre 2018.
14. 2018 年 10 月 10 日，在参议院媒体早餐会上发表的言论。
15. 同上。
16. 2018 年 6 月，法国、德国和英国联合致信美国，要求美方豁免已进入伊朗市场的欧盟企业。"Iran : Paris, Berlin et Londres demandent des exemptions aux États-Unis", *Le Figaro*/AFP, 6 juin 2018.
17. 2018 年 6 月在巴黎的采访。
18. 在 2018 年春天，法国兴业银行的三项行为成为美国司法部调查的目标：违反美国对一些国家的禁运令，操纵银行间同业拆解利率，以及与利比亚主权财富基金之间的纠纷。
19. 操作银行同业拆借利率：伦敦银行间同业拆借利率和欧洲银行间欧元同业拆借利率。
20 通过行贿非法获取利比亚主权财富基金的业务。
21. 美国司法部收到 2.75 亿美元罚款，美国商品期货交易委员会因为银行同业拆借利率案 收到 4.75 亿美元罚款；美国司法部因利比亚行贿案收到 2.93 亿美元罚款。详情参见法国兴业银行在 2018 年 6 月 4 日的新闻通稿。另可参见美国司法部的公告。https:// www.justice.gov/opa/pr/soci-t-g-n-rale-sa-

agrees-pay-860-millioncriminal-penalties-bribing-gaddafi-era-libyan.

22. “Société générale conclut des accords avec les autorités américaines mettant fin aux enquêtes relatives aux sanctions économiques et à la lutte contre le blanchiment d’argent”, 19 novembre 2018. https://www.societegenerale.com/fr/newsroom/conclusion-accords-autorites-americaines-fin-enquetes.
23. 纽约南区联邦检察官办公室和纽约州地方检察官办公室签署的协议。“Manhattan US Attorney Announces Criminal Charges Against Société Générale SA For Violations Of The Trading With The Enemy Act”, 19 novembre 2018. https://www.justice.gov/usao-sdny/pr/manhattan-us-attorney-announces-criminal-chargesagainst-soci-t-g-n-rale-sa-violations.
24. Thibaut Madelin,“Société générale solde ses litiges aux États-Unis”, *Les* Échos, 20 novembre 2018.
25. 2018 年 9 月在巴黎的采访。
26..Laurence Boisseau,“Le gendarme boursier américain a infligé 4 milliards de dollars d’amendes”, *Les* Échos, 3 novembre 2018.
27. “Petrobras Reaches Settlement With SEC for Misleading Investors”, 27 septembre 2018. https://www.sec.gov/news/press-release/2018-215.
28. Petróleo Brasileiro SA – Petrobras Agrees to Pay More Than $850 Million for FCPA Violations”, DOJ, 27 septembre 2018. https://www. justice.gov/opa/pr/petr-leo-brasileiro-sa-petrobras-agrees-pay-more850-million-fcpa-violations.
29. 2018 年 9 月初，法国制药巨头赛诺菲宣布与美国证券交易委员会达成和解协议。因涉嫌贿赂，赛诺菲在 2006—2015 年的活动遭到调查，涉及其在哈萨克斯坦、约旦、黎巴嫩、巴林、科威特等国家的子公司。“在此次调查中，公司在新闻稿中称赛诺菲不承认也不否认公司有任何不当行为。”这并不妨碍赛诺菲向美国证券交易委员会支付 2 500 万美元的罚款，并向其承诺“就加强内部管控的有效性进行为期两年的自我汇报 ”。“Sanofi conclut un accord avec la « Securities and Exchange Commission » américaine”, communiqué de presse, 4 septembre 2018. Voir également le communiqué de la SEC. https://www.sec.gov/news/press-release/2018-174.
30. 《商业秘密法》的专家律师和报告人。
31. 以“推动企业增长与转型行动计划”法案中的修正案（第 55 条之三）的形式。

http://www.assemblee-nationale.fr/15/projets/pl1088.asp.

32. http://www.assemblee-nationale.fr/15/pdf/rapports/r1237-tI. pdf, p. 876.

结 论

1. Paul Valéry, “Notes sur la grandeur et décadence de l’Europe” , in *Regards sur le monde actuel*, Folio-Essais, Gallimard, 2017, p. 28.
2. “Protectionism. Trade Wars Reloaded”, étude Euler Hermes, février 2018.
3. 同上，第 2 页。
4. Robert D. Blackwill, Jennifer M. Harris, *War by Other Means. Geoeconomics and Statecraft*, Belknap/Harvard, 2016.
5. Zbigniew Brzezinski, *Le Grand Échiquier. L’Amérique et le reste du monde*, Hachette Pluriel, 2002, p. 68.
6. Bruno Retailleau,“L’Europe doit riposter à l’impérialisme juridique américain”, *Les Échos*, 16 octobre 2018.
7. 蒙特伯格法令（2014）与前经济部长阿尔诺·蒙特伯格早先许可的外国投资项目相关，它扩大了 2005 年第 1739 号法令在以下领域的职权：能源、水利、运输、 公共健康、电子通信。2018 年颁布的“推动企业增长与转型行动计划”进一步强化了该法令，而 2005 年第 1739 号法令第一款也明确提出要保障国防安全。
8. 2017 年 5 月 28 日，德国基督教社会联盟党在巴伐利亚州的一次会议。
9. “For European Firms, Resisting American Sanctions May Be Futile”, *The Economist*, 19 mai 2018. Non signé.

本书翻译团队名单

翻译：孙小涵　刘子琦　胡晓雪　江同济　张案菁

校译：孔　元　江　涵　刘子琦

强世功教授阅读了译稿并提出修改建议

感谢北京大学法治研究中心的支持